Collection
ARCHIVES

# ARCHIVES
# DE LA POLICE

*Dans la collection ARCHIVES,*
*par Jacques Borgé et Nicolas Viasnoff*

ARCHIVES DES MÉDECINS
ARCHIVES DES POMPIERS
ARCHIVES DE L'AUTOMOBILE
ARCHIVES DES CHEMINOTS
ARCHIVES DE LA MODE
ARCHIVES DES JUGES ET AVOCAT
ARCHIVES DES INSTITUTEURS

ARCHIVES D'ALSACE
ARCHIVES D'AUVERGNE
ARCHIVES DE LA BANLIEUE PARISIENNE
ARCHIVES DE BOURGOGNE
ARCHIVES DE BRETAGNE
ARCHIVES DE LA COTE D'AZUR
ARCHIVES DE GASCOGNE
ARCHIVES DU LANGUEDOC
ARCHIVES DU LIMOUSIN
ARCHIVES DE LORRAINE
ARCHIVES DU LYONNAIS
ARCHIVES DU NORD
ARCHIVES DE NORMANDIE
ARCHIVES DE PARIS
ARCHIVES DE PROVENCE
ARCHIVES DE SAVOIE
ARCHIVES DU VAL DE LOIRE

ARCHIVES DE L'AFRIQUE NOIRE
ARCHIVES D'ALGERIE
ARCHIVES D'INDOCHINE
ARCHIVES DU MAROC


ISBN : 2-85132-064-5

Jacques Borgé et Nicolas Viasnoff

# ARCHIVES DE LA POLICE

ÉDITIONS MICHÈLE TRINCKVEL

# AU TEMPS

*Une brigade d'« hirondelles ». Dès leur apparition, en 1901, les agents cyclistes furent surnommés « hirondelles », à cause d'une célèbre marque de cycles figurant sur le populaire catalogue de la manufacture de Saint-Étienne. Cette photo date de 1912. Les agents cyclistes envoient alors un cahier de doléances à leur chef. Ils réclament une tenue cycliste gratuite tous les 18 mois, le remplacement plus fréquent de leurs pneus et chambres à air et le remboursement de leurs frais de réparation.*

# DES MOUSTACHES

Marmand

# Moustache obligatoire

*Comment sont recrutés et formés les gardiens de la paix, en 1907, sous le règne du préfet Louis Lépine.*

Ils sont 4000 chaque année, presque tous provinciaux, de 21 à 30 ans, à briguer l'honneur de protéger les Parisiens. N'y réussit pas qui veut. Il faut de bons muscles d'abord, que palpe minutieusement le médecin de la préfecture, des muscles d'acier et non de coton. Puis la taille. Avec 1, 67 m, vous serez accepté pour la banlieue, vous serez « sergent de ville », mais si vous n'avez pas au moins 1, 70 m, Paris ne voudra pas de vous, vous n'y serez pas « gardien de la paix ».

Le record de taille appartient à un agent de la première compagnie, Lucas, le plus grand agent de Paris. L'apache qui tombera jamais entre les mains de Lucas pourra recommander vivement son âme à Dieu. Vous vous ferez une idée de sa force en sachant qu'il a les poings et les épaules en rapport avec sa taille de 1, 98 m; avec son képi, Lucas mesure 2, 10 m!

Force et taille ne suffisent pas : vous serez éliminé impitoyablement si vous avez la plus légère tache sur la conscience. Il y a quelques mois, un agent des mieux notés dut donner sa démission, parce qu'après coup on avait découvert à son actif un délit de pêche, vieux de cinq ans.

Ce n'est pas tout encore. M. Lépine, qui est fier de ses agents comme un père de ses fils, tient à avoir de beaux hommes. Assisté de son coadjuteur, il fait passer le fameux « examen de binette ». Souvent le candidat n'est pas joli, joli, mais quelle carrure! Quelles mains! Quels pieds! Un point sur lequel M. Lépine est strict, par exemple, c'est la moustache. Ah! ça, il lui faut de belles moustaches. Un jour, à l'examen de binette, arrive un gaillard exceptionnel, 1, 90 m, mais glabre, glabre désespérément. Déjà le candidat, sûr de son affaire, bombe le thorax. Mais M. Lépine fronce le sourcil :

« Pas de moustache? Impossible. Je n'en veux pas! »

Piqué au vif, l'autre rougit :

« Monsieur le Préfet, la moustache ne fait pas l'homme! »

– Bien répondu, mon garçon! Je vous prends. Quand on n'a pas la moustache, il faut avoir la réplique. »

Enfin l'heureux candidat est incorporé. Le magasin d'habillement lui ouvre ses portes. M. Lépine habille bien et pas cher. Jugez-en plutôt par quelques prix! Une capote qui vous tient chaud de la tête aux pieds, 30, 45 F; une jolie tunique, 24, 39 F; un pantalon, dernier genre, 11, 76 F; un coutil gris pour les élégances de l'été, 3, 89 F. Ce n'est pas vendu, c'est donné!

Sabre au côté et revolver dans la sacoche, notre homme retourne alors à l'école – entendons-nous – à « l'école des gardiens de la paix », qui fonctionne au deuxième étage de la préfecture.

Chaque agent, en dehors de ses heures de

*Le préfet Louis Lépine marquera profondément la police en réorganisant les services du haut en bas de la maison. Ses subalternes l'avaient surnommé « Louis-le-juste » alors que son prédécesseur, M. Lozé, avait reçu le surnom de « Dindon majestueux ».*

464. PS. | PS. 464

service, y vient, tous les trois jours, de 8 heures à 11 heures. Au programme, des dictées. Quand on sort de l'école, on ne dit pas, on ne dit jamais : « subséquemment que c'est à moi, agent de l'ordre, de vous donner celui de circuler ». On a conservé à la préfecture des textes abracadabrants tirés de vieux rapports : « Le médecin que nous avons été chercher, dit l'un d'eux, a constaté que le blessé avait des *esquimaux* sur tout le corps ». Un autre agent affirme avoir trouvé « le squelette d'une tête mais n'avoir pu découvrir à qui elle appartenait ». Mais à celui-ci, sans conteste, le prix de la syntaxe joyeuse : « L'homme est venu se jeter sur le Lion de Belfort, lequel était en complet état d'ivresse ». L'agent doit aussi connaître les innombrables papiers qu'il est en droit d'exiger dans la rue, et toutes les cartes, bleues, vertes, jaunes, orangées, rouges, dont s'enorgueillit un Français, cartes de députés, de sénateurs, de secrétaires, d'attachés et de diplomates. Même en possédant bien son affaire, ce sera encore malaisé pour l'agent de ne pas se laisser rouler… Jusqu'aux égoutiers qui ont des cartes que l'école copie et recopie avec ardeur! Car 50 francs de récompense sont promis à l'agent qui arrête un porteur de fausse carte, prêt à descendre dans les égouts pour y voler les câbles. Et les coupe-file qui changent de couleur suivant l'année, suivant le service! Rien que pour la journée du 14 juillet, il y en a quinze différents!

C'est une manière de magistrat qu'un agent qui verbalise. Aussi chaque jour a-t-il sa conférence, où tous les accidents imaginables sont envisagés sous toutes les faces possibles, depuis la 1ère conférence sur « la voiture en détresse » jusqu'à la 30e sur « la personne retirée de l'eau ». Le « cocher ivre » a les honneurs de la 5e conférence. La 18e et la 19e retentissent du fracas du « fiacre accroché par une automobile » et de « l'omnibus tamponné par un tramway ». Une leçon aussi sur la « chute d'un pot de fleurs ». N'est-ce-pas de cet accident que mourut, il y a cinq ans, le sous-brigadier Longpré?

*Lectures pour tous,*
1907.

*Ci-dessus : L'école des agents, une autre création du préfet Lépine. Ici, la leçon d'orthographe.*

*Page de gauche : Les sergents de ville parisiens étaient souvent mariés à des concierges. Chacun y trouvait son avantage : les agents, un logement, les « proprios », la sécurité, et la police, des renseignements sur les locataires et leurs visiteurs.*

# Courbet

Gustave.

de 48 à 50 ans,
Grand,
Gros,
Voûté,
marchant diffi-
cilement à cause
de douleurs dans
le dos,
Cheveux longs
grisonnants,
Air d'un paysan
goguenard,
assez mal vêtu.

# Fiché à vie dans les dossiers secrets

*Le célèbre et très actif préfet Lépine n'avait pas que des admirateurs. Témoin cet extrait d'un pamphlet écrit par le journaliste Louis Vibert, sous le titre : « Sa Majesté Lépine Ier ».*

CE QUE VEUT SURTOUT la préfecture de police, c'est tenir tous ceux qui pensent et qui écrivent, par la terreur. C'est ainsi qu'elle a constitué dans ses bureaux le service, *immense*, des dossiers secrets sur des hommes politiques et des journalistes.

Ce qu'il est amusant de savoir, c'est comment ces dossiers sinistres sont établis.

Il y a une trentaine d'années environ, voici la singulière aventure qui m'est arrivée et que je veux conter ici pour la millième fois.

A cette époque, l'un de mes oncles, M. Celestin Brunet, qui avait accompli toute sa carrière au Cabinet du préfet de Police, venait de prendre sa retraite, et comme un soir je dînais chez lui, dans son petit hôtel au 93 du boulevard Gouvion-Saint-Cyr – je précise – il me dit tranquillement, en fumant un cigare, en homme sûr de son fait :

– Tu veux faire de la politique, être député. Eh bien, mon pauvre ami, avec le dossier que t'a constitué la préfecture de police *et que j'ai vu*, tu auras beaucoup de mal à arriver, car il te poursuivra partout, avec la ténacité de la police qui n'est comparable qu'à celle des gens d'Eglise.

– Evidemment je sais bien que mes convictions républicaines et mes idées antireligieuses ne doivent pas plaire à un gouvernement qui n'est républicain que de nom; mais tout de même, ce fameux dossier politique me concernant ne doit pas aller jusqu'à me représenter comme un anarchiste, je suppose.

Je me souviendrai toute ma vie de l'éclat de rire homérique et formidable de mon oncle, qui était originaire de Toulouse et qui était très gai :

– Mais, mon pauvre ami, tu n'y es pas du tout et je vois bien que tu n'es pas – comment dirai-je? – au courant des *procédés* de la police. Ecoute bien : tu es républicain et anticlérical et la préfecture de Police est dans les mains des moines. Il faut te tuer. Or, comme officiellement nous sommes en République, pour t'assommer, on t'a constitué un dossier secret, où tu es représenté, preuves à l'appui, comme un agent secret et dangereux de la réaction.

– Mais c'est un faux, c'est infâme, personne ne croira cela.

– Tu es bien naïf, s'il n'y avait pas de faux, il n'y aurait pas de dossier secret.

– Et le moyen de détruire ce dossier diffamatoire?

– Aucun, une seconde Commune? Après la tourmente, les jésuites de la préfecture de police le reconstitueraient avec de nouveaux faux. Ça n'a pas d'importance.

– Mais quel mal un pareil dossier peut-il me faire dans ma carrière politique?

*En 1871, un service de la police a l'idée de réunir sur un album les portraits photographiques des membres de la Commune. Ici, le peintre Courbet, responsable du renversement de la colonne Vendôme, et les commentaires d'un policier.*

Vallès
Jules.
Taille un peu au
dessus de la moyenne,
Barbe et cheveux
noirs à reflets
rouges,
Teint légèrement
basanné,
Peau un peu ridée,
Marche assez
lourdement.

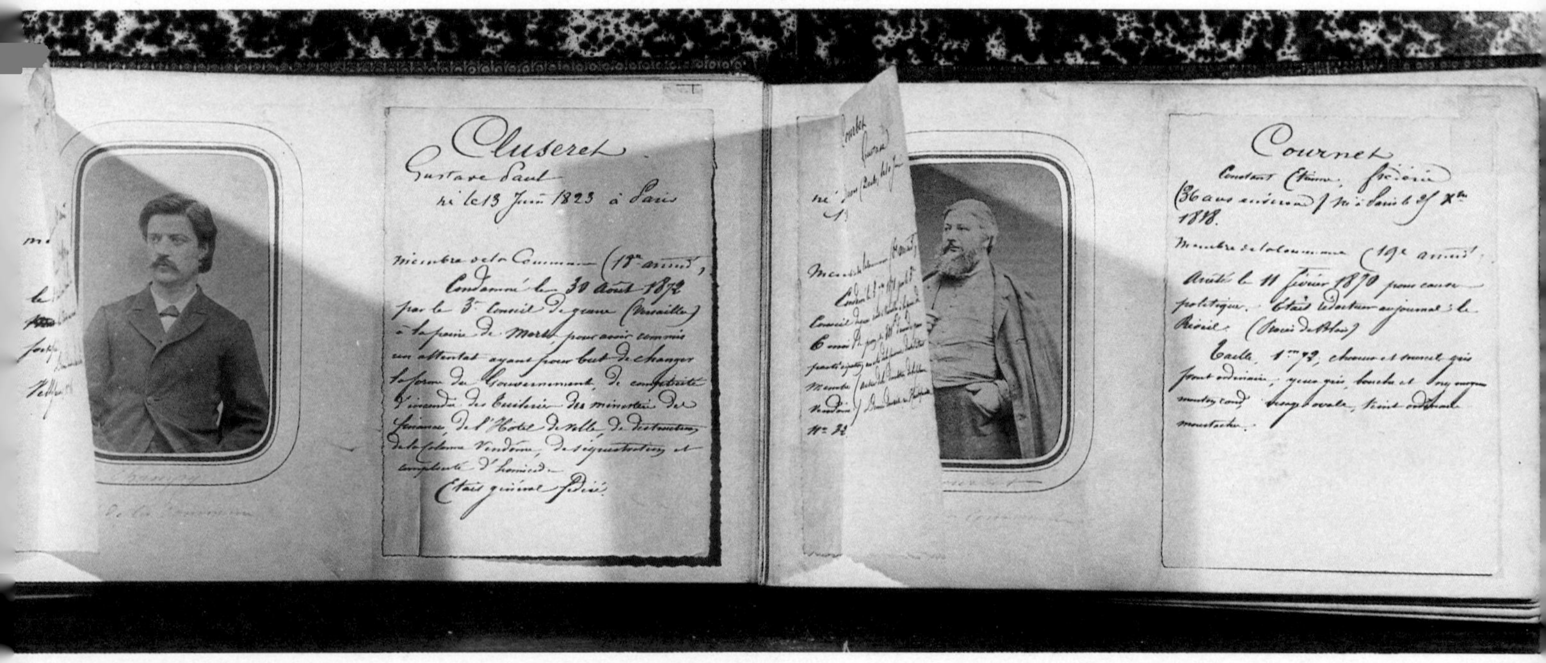


– Un mal de tous les instants, de toujours; dans n'importe quel ministère, tu feras une démarche, une demande, ton dossier sera là, envoyé par la préfecture de police. Dans n'importe quel département où tu te présenteras, le préfet aura ton dossier en mains et tu ne pourras jamais arriver à rien.

– Que faire ?

– Rien.

– Le crier par-dessus les toits ?

– On ne t'écoutera pas. Tu t'attaques à l'Eglise; elle se défend, parce que la préfecture de police est aux ordres de Rome (sic) et, ne l'oublie pas, elle est toute puissante et peut faire des citoyens ce qu'elle veut !

Au bout de trente ans, cette conversation me revient à l'esprit avec une netteté foudroyante tout comme si elle datait d'hier seulement. Comme on le voit, nous sommes tous à la merci des fantaisies du premier policier venu qui glisse un faux dans votre dossier secret à la préfecture.

Le préfet Blanc étant le condisciple de mon beau-frère Jules Auguste, je lui ai demandé la communication de mon dossier. Il m'a répondu que c'était impossible.

Plus tard, je l'ai demandé à M. Lépine qui m'a ri au nez en me disant :

– Plus souvent, que je vais communiquer au vieil *anarcho* d'Alger son dossier!

Plus tard, après l'affaire Dreyfus, je suis allé le voir de nouveau. Il a refusé de me recevoir et comme je disais à son chef de cabinet que le temps des dossiers secrets était fini depuis l'affaire Dreyfus, il m'a répondu avec une exquise politesse :

– En justice, peut-être, cher monsieur, pas à la préfecture de police. Raison d'Etat!

– Je connais la formule. Mais il paraît que vous êtes forcé maintenent de communiquer les dossiers aux intéressés.

– La préfecture de police, cher monsieur, je vous le répète, n'est jamais tenue à rien.

L'Hermite de Montmartre
*Sa Majesté Lépine 1^er^*
Les Editions de France, 1927.

*Ci-dessus : Les photos des communards sont collées dans un registre spécial. L'identité judiciaire n'existe pas encore. Le premier service photographique de la police ne sera créé qu'en 1874.*

*Page de gauche : L'écrivain et chroniqueur Jules Vallès, également nommé membre de la Commune. Il se réfugiera à Londres.*

# ALPHONSE BERTILLON

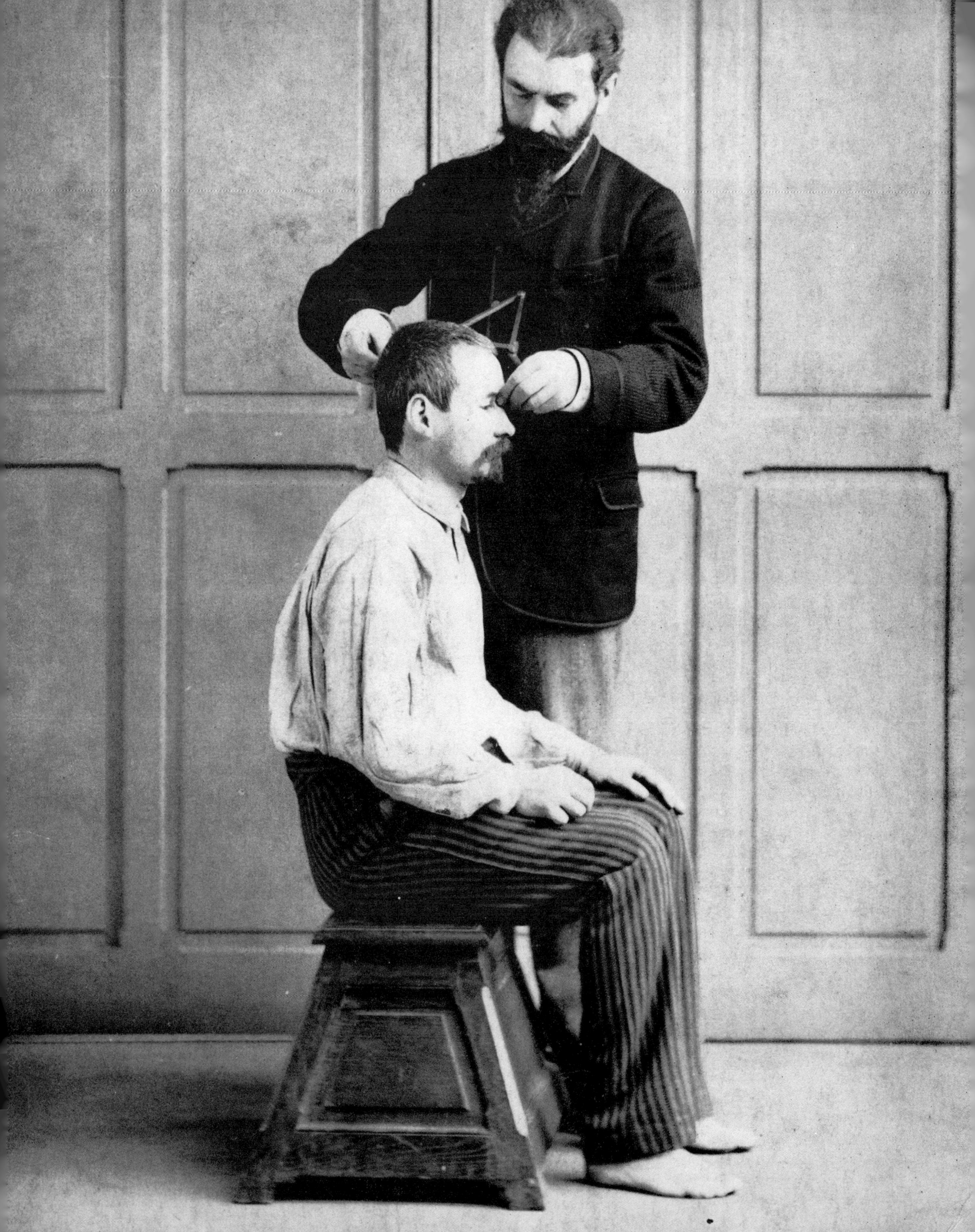

# et L'IDENTITE JUDICIAIRE

*Page de gauche :*
*Un employé du service anthropométrique mesure la tête d'un suspect.*

*Ci-dessous :*
*A titre d'exemple, Bertillon fait établir, le 7 août 1912, sa propre fiche d'identification. Il est alors âgé de cinquante-neuf ans. Enfant, il avait la manie de mesurer tout ce qui lui tombait sous la main. Engagé comme commis à la préfecture de police, le préfet Andrieux écrivit à son père : « votre fils est atteint d'aliénation mentale »...*

# Le bertillonnage : dix minutes pour retrouver une fiche

*Avec beaucoup de mal, Bertillon impose sa méthode d'identification anthropométrique et constitue un fichier de cent mille individus. Aujourd'hui, l'ordinateur permet de faire apparaître instantanément la fiche recherchée, mais comment procédait-t-on alors?*

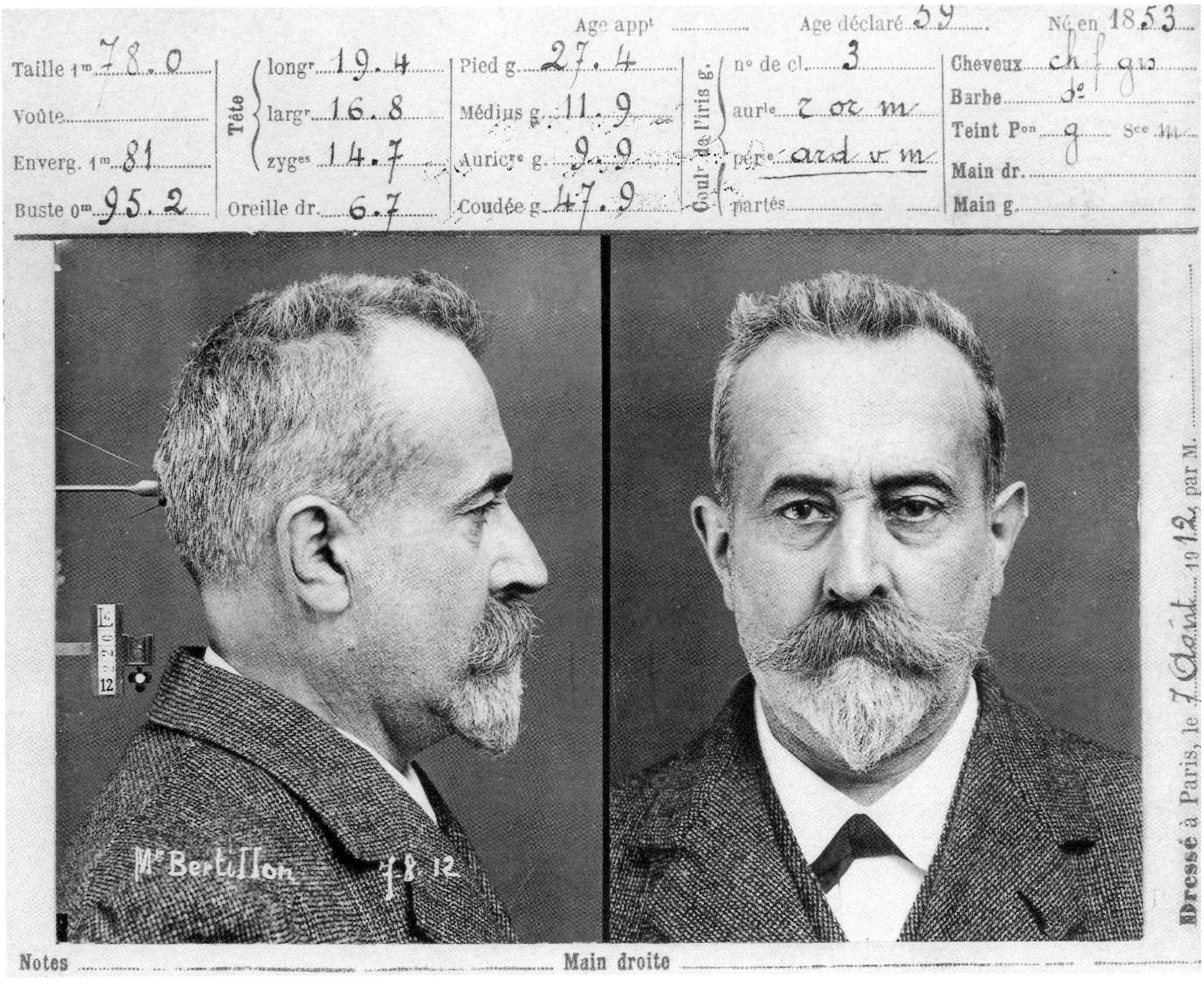

CES CENT MILLE CARTES sont tout d'abord classées en trois grandes divisions d'après les longueurs de tête, – petite, moyenne et grande longueurs – On obtient ainsi trois premières divisions, d'environ trente mille cartes. On sait que la carte recherchée ne peut se trouver que dans l'une de ces trois divisions. On aura donc éliminé, par cette opération, les deux tiers du contenu des casiers, soit environ soixante mille cartes.

Chaque série de trente mille cartes est subdivisée elle-même en trois divisions de dix mille d'après les largeurs de tête, petite, moyenne et grande. Le même raisonnement permettra donc d'éliminer deux de ces divisions, soit vingt mille cartes. La carte recherchée ne pourra se retrouver que dans la série de dix mille correspondant en même temps à la longueur et à la largeur de tête de l'individu.

A son tour, chaque groupe de dix mille est subdivisé en trois séries de trois mille (environ) d'après la longueur du doigt médius; chaque groupe de trois mille en trois séries de mille d'après la longueur du pied; chaque groupe de mille en trois séries de trois cents, à peu près, d'après la longueur de coudée et enfin chaque groupe de trois cents en trois séries de cent d'après la taille.

Cela suffit déjà. La carte recherchée au milieu de cent mille renfermées dans les casiers se retrouvera à la suite de ces éliminations successives, dans une série de cent, facile à parcourir et qui peut être subdivisée encore, d'après la longueur du doigt auriculaire et la couleur de l'iris, en groupes d'une douzaine de cartes. Ces derniers groupes d'une douzaine peuvent encore être répartis d'après la longueur de l'oreille. On arrive ainsi à l'unité.

On ne saurait se figurer avec quelle rapidité, grâce à cette méthode d'élimination, on arrive à découvrir la carte et par suite l'identité d'un sujet.

On se trouve vite en face d'un simple paquet de cartes, au milieu desquelles il est facile de distinguer la carte des mensurations précédentes, avec le nom véritable et les antécédents du délinquant.

Inutile de dépeindre l'étonnement, la stupeur de l'individu, lorsque l'employé du service anthropométrique, après quelques instants de recherche, lui présente sa carte.

*Lectures pour tous,*
1905.

*L'atelier de photographie, avec ses sièges et ses supports spéciaux, permet d'obtenir des portraits rigoureusement de face ou de profil.*

*Pages suivantes :*
*Un cours de signalement descriptif (ou « portrait parlé »). Les mesures bordant la photo montrent que ce cadre servait aussi à la « photographie métrique », une autre invention de Bertillon permettant de donner l'échelle des objets photographiés.*

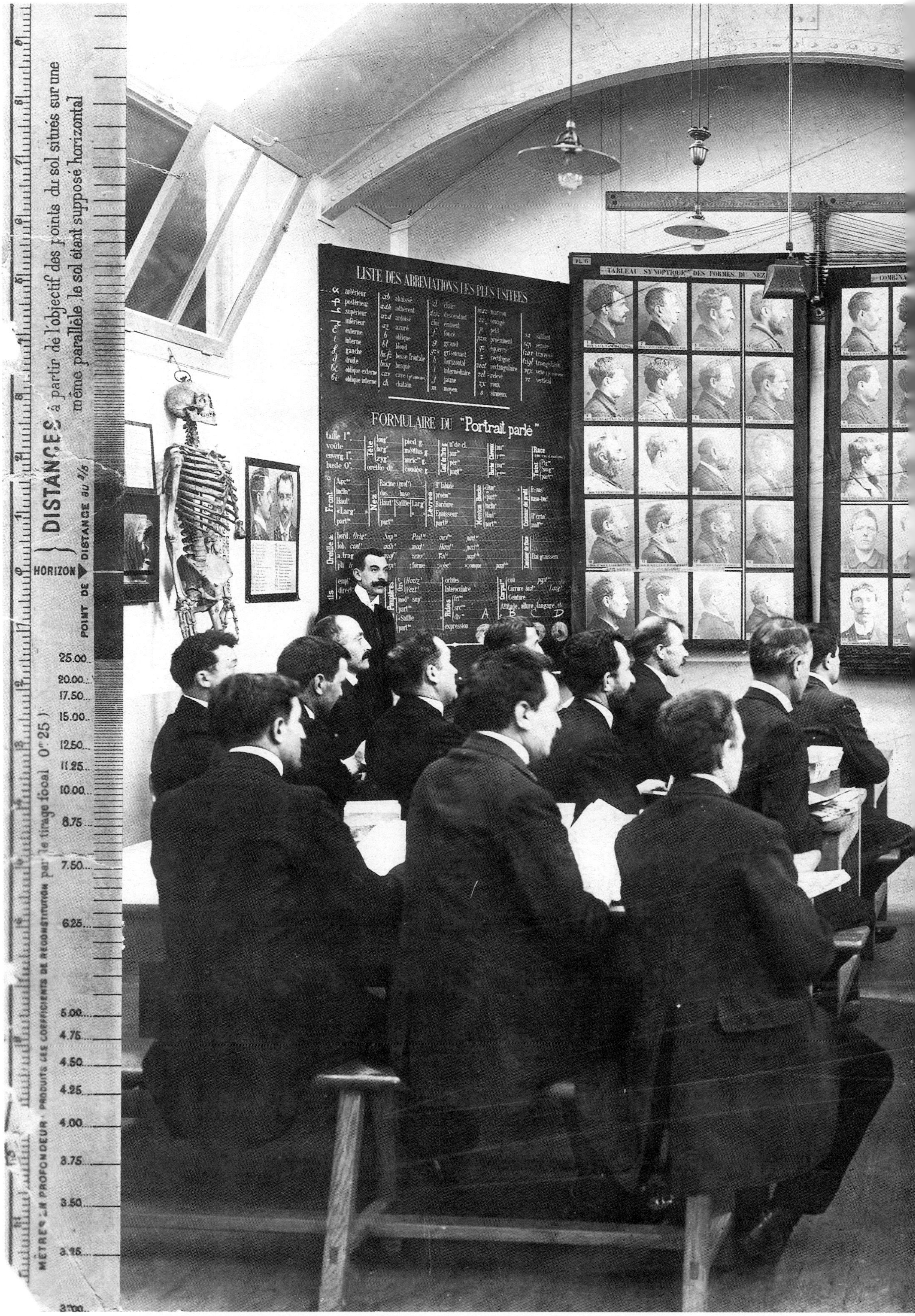
DISTANCES à partir de l'objectif des points du sol situés sur une même parallèle le sol étant supposé horizontal
HORIZON
POINT DE DISTANCE au 1/5
MÈTRES EN PROFONDEUR · PRODUITS LES COEFFICIENTS DE RECONSTITUTION par le tirage focal 0m.25
LISTE DES ABREVIATIONS LES PLUS USITEES
FORMULAIRE DU "Portrait parlé"
TABLEAU SYNOPTIQUE DES FORMES DU NEZ

cav r vex busq
POINT DE DISTANCE DU 1/1 RÉDUCTIONS des différents plans de front correspondant à la graduation ci-contre des distances
HORIZON
COEFFICIENTS DE RECONSTITUTION (OU DISTANCES A L'OBJECTIF MESURÉES EN TIRAGES FOCAUX.)
(MÉTHODE ALPHONSE BERTILLON)

# L'accroche-cœur et les rouflaquettes sont périmés

*Jeunes délinquants de quinze ans, batailles rangées entre bandes, haine des policiers, graffiti sur les murs... En 1906 déjà.*

Dernièrement, la police mettait la main sur la bande des Moucherons, dont les membres étaient respectivement âgés de quatorze, quinze et seize ans. Le chef de la bande était un jeune malfaiteur de seize ans, surnommé Beau-Blair. L'esprit d'imitation est en effet poussé très loin chez ces apaches en herbe, dont beaucoup ont leurs aînés enrôlés dans des bandes plus sérieuses, et leur empruntent leur langage et leurs façons d'agir. Comme eux, ils adoptent pour leur raison sociale, des titres ronflants : *les Saute-aux-Pattes de la Glacière; les Chevaliers du Sac; les Demi-Siphons de Ménilmuche.* Ils prennent des sobriquets terribles : *Gneugneu de la Butte, l'Antilope Grise, Théo du Montparno,* etc. Ce sont des bandes juvéniles dont on peut admirer les *graffiti* sur les murs des quartiers déserts. A la pointe du « lingue » – car ces petits morveux possèdent déjà un couteau de poche à cran d'arrêt – ils gravent dans le plâtre et le bois, l'expression de leur philosophie sociale : *« Mort aux vaches! A bas les flics! »*

Ces bandes manœuvrent dans leurs secteurs respectifs, sous la direction du *Bastoche de la Villette,* de la *Panthère des Batignolles,* de *Milo du Sébasto,* du *Grand-Nez de Belleville,* du *Scalpeur-Blanc des deux Moulins.*

Pour y avoir accès, quatre conditions sont nécessaires. Il faut avoir subi ou mérité au moins trois années de prison, savoir « travailler sur le rade » (boulevard), être capable de « dévider le jars » (parler l'argot) dans trois langues différentes, prendre l'engagement de se laisser au besoin « refroidir » (tuer) pour un « poteau » (ami). Un enquêteur des bas-fonds parisiens, M. Croix-Maubert, se dit en mesure d'affirmer que tout apache qui dénonce un « poteau » est condamné à mort par un tribunal composé du chef, du lieutenant et de trois assesseurs. L'apache stagiaire doit, avant sa réception définitive, subir l'une des épreuves suivantes : ou bien « dégringoler » un sergent de ville, ou bien se mesurer en combat singulier avec quelque membre d'une tribu ennemie. S'il sort vainqueur de ces épreuves, le néophyte est reçu. Le « rade », lui appartient désormais.

D'autres fois, deux bandes s'attaquent au sortir de quelque établissement ou d'un de ces bals-musette qui foisonnent dans les quartiers excentriques. La plus futile querelle suffit à déchaîner la guerre entre ces clans fraternels. Luttes épiques qui nous présentent au naturel, dans la pleine férocité de leurs instincts sanguinaires, les jolis messieurs attablés tout à l'heure devant un saladier de vin chaud, bagues au doigt, les cheveux outrageusement pommadés et relevés en « bottes de mouron » sur la nuque – la « botte de mouron » qui a remplacé l'accroche-cœur et les rouflaquettes périmés, comme la casquette plate a rem-

placé l'ancienne casquette à pont ! L'apacherie a ses modes.

Ils ne sont pas assez nombreux, ces agents, et c'est l'unique reproche qu'on puisse leur faire : dévoués, énergiques, toujours prêts à payer de leur personne, ils sont les bêtes noires des criminels. L'agent Pilardeau était récemment frappé d'un coup de couteau dans le cœur par un apache de 18 ans qui, arrêté, goguenardait :

« Ben, quoi! J'en ai refroidi un de la rousse. C'est-y pas ce qui s'appelle travailler? »

On n'a pas oublié non plus comment périt, l'an passé, à Aubervilliers, l'agent Tazard, tué d'un coup de revolver par un gamin. Boulevard de Sébastopol, le lendemain, les agents Berthelot et Granger étaient attaqués et grièvement blessés par la bande du Sébasto; trois agents cyclistes, la nuit suivante, subissaient le même sort à Charonne, tandis que près du pont de Bercy, le gardien Coulommiers tombait sous le poignard d'un apache de 15 ans. Et, pour couronner la série, M. Hamard lui-même, le chef de la Sûreté, était frappé d'un coup de couteau en arrêtant, dans un hôtel meublé de Choisy, Dollin, dit *Nez-Sale*. Précédemment, M. Hamard avait essuyé à Saint-Ouen quatre coups de revolver d'un autre apache, plus un coup de siphon qui eût mis en bouillie un crâne moins solide que le sien.

*Lectures Pour Tous*, 1906.

*En 1936, le musée de la police (première version), est inauguré à Paris. On peut y voir des scènes dramatiques, reconstituées avec des mannequins de cire. Celle-ci est intitulée : « Malfaiteur traqué dans sa tanière ».*

# Oiseau-Mouche et Porthos

*Le préfet de police a décidé de visiter incognito quelques mauvais quartiers de son royaume... Mais on veille sur lui.*

– Où nous conduisez-vous? demanda le préfet de police, en abordant le chef de la sûreté. Si vous le voulez, nous visiterons d'abord les *caboulots* situés en plein cœur de Paris, à cinq minutes de votre hôtel et du Palais de Justice.

– Vous êtes seul. Ne craignez-vous point une mauvaise rencontre? Si on vous reconnaît, vous pouvez être l'objet d'une vengeance.

– Soyez sans inquiétude, j'ai pris mes précautions. Regardez ce petit homme en redingote noire, près de cette voiture, place Saint-André-des-Arts : c'est un de vos agents.

– Mais, dit le secrétaire particulier, vous nous avez recommandé une tenue simple, et vous habillez votre agent comme s'il allait à la noce.

– Cet employé devait se rendre ce soir au concert qui précèdera la tombola au profit des pauvres. Il n'a pas eu le temps de changer de tenue. Seulement, ne vous préoccupez pas de son costume; il ne nous gênera pas beaucoup. *Oiseau-Mouche*, sobriquet de cet agent, emporte toujours sous ses vêtements un léger assortiment d'effets de rechange, et se métamorphose à volonté. Sa transformation s'opère dans une voiture, sous une porte cochère, dans une vespasienne, ou même dans la rue. Tout en marchant, il endosse, sans se faire remarquer, une blouse et un tablier de tonnelier. Son chapeau disparaîtra sous la blouse, pour faire place à une casquette de soie qui peut prendre toutes les formes. Enfin une barbe postiche et deux fausses dents de devant, très saillantes, le rendront méconnaissable.

– Pourquoi votre *Oiseau-Mouche* ne vient-il pas nous rejoindre? demande le préfet.

– Il a pour consigne de ne s'approcher que sur un signe de moi, à moins d'un incident imprévu qui nécessiterait son intervention immédiate. Dans ce cas, il serait promptement à nos côtés.

Son rôle, pour ce soir, est absolument muet. Il a entre les mains un petit carton sur lequel sont inscrits les endroits où il doit faire stationner la voiture qui est là à notre disposition... Si nous passons à côté du véhicule, sans y monter, il indiquera au cocher son nouveau stationnement.

– Cette voiture est au service de l'administration?

– Nullement. Elle appartient à la Compagnie générale.

– Mais vous connaissez le cocher qui la conduit?

– En aucune façon.

– Et si, dans un cas difficile, cet homme allait se tourner contre nous?

– Nous pouvons avoir pleine confiance en lui. M. Bixio, l'intelligent directeur de la Compagnie générale, ne confie ces sortes de voitures qu'à des cochers ayant donné de nombreuses preuves de leur bonne conduite, de leur probité et de leur régularité. Il n'y a rien à craindre de ce côté.

– Oiseau-Mouche sera seul à nous accompagner? demanda M. René.

– Il a un collègue avec lui.

– Je ne le vois pas, reprit le préfet.

– C'est l'homme placé en ce moment près de la station des omnibus.

– Ce grand et gros gaillard qui flâne, en fumant tranquillement sa pipe?

– C'est cela.

– Quel contraste physique entre lui et Oiseau-Mouche!

– Ce contraste, aussi frappant au moral qu'au physique, fait leur force à tous deux : ils se complètent l'un par l'autre et se quittent le moins possible. *Porthos* est le sobriquet de ce deuxième agent.

Autant Oiseau-Mouche est pétulant, vif, emporté, toujours prêt à *cogner*, autant Porthos est calme, réfléchi et... muet. Doué d'une force herculéenne, il considère comme une lâcheté de l'employer sans nécessité absolue. Si un malfaiteur qu'il arrête veut lui résister, il l'étreint... *en douceur*, et l'enlève comme une plume sans la moindre violence. Dans une bagarre, il écarte d'un revers de main les combattants et *ramasse dans le tas* celui qu'il cherche. Malgré sa constitution qui nécessite une nourriture abondante, il supporte vaillament la faim et la soif quand les circonstances l'exigent. C'est le seul côté du reste, par lequel il ressemble à Oiseau-Mouche, également très sobre.

L'un comme l'autre peuvent passer plusieurs nuits à la belle étoile, couchés sur le sol humide, guettant leur gibier. Tous les deux très disciplinés, obéissent sans jamais discuter un ordre, si dur soit-il.

Porthos se grime rarement : sa stature s'y oppose. Sous n'importe quel costume, il serait facilement reconnu.

Plusieurs curés de Paris lui ont fait des offres de service... Ne souriez pas, monsieur René, j'ai dû employer toute mon influence pour empêcher Porthos d'endosser l'habit galonné du suisse d'église!

– Il est certain qu'il aurait produit un effet superbe, avec son tricorne, sa culotte écarlate, ses bas blancs, la canne à pomme d'argent d'une main et la hallebarde de l'autre. Les bonnes dévotes auraient raffolé de lui!

G. Macé
*Un joli monde.*
Charpentier et Cie, 1887.

*Hauts fonctionnaires de la préfecture de police assistant à une manifestation officielle en 1910. Un mélange équilibré de melons et de « huit reflets ».*

LOIS
EN MONTANT
ATTENTION AU PAS
A .207

# Cinq cents vols à la tire par jour

*Les policiers de 1900 connaissaient déjà toutes les ficelles des pickpockets. Elles n'ont rigoureusement pas changé et les habiles voleurs font toujours autant de victimes dans les lieux publics. Mais nous volent-ils avec la grâce charmante dont il est question dans ce texte? On peut en douter...*

– Dans une réunion internationale de pickpockets, à qui reviendrait la présidence?

– A l'Italien. Il serait président sans contestation.

A son habile supériorité, il joint l'élégance des manières, la vivacité du caractère et la courtoisie qu'il apporte à dépouiller sa victime.

Lorsqu'il a jeté son dévolu sur l'aile d'une poche – c'est l'expression consacrée –, son adresse défie toute concurrence.

Par un mouvement tellement naturel qu'il passe inaperçu, il tâte le volume d'une poche, le soupèse et se l'approprie avec la plus grande dextérité.

Il pratique, en le laissant deviner exprès, un léger frôlement qui l'autorise à présenter avec un aimable et gracieux salut, ses excuses à la personne volée.

L'Espagnol est son rival; il opère aussi sans brusquerie, avec aisance, souplesse et légèreté de la main; mais ses mouvements n'ont pas cette grâce charmante dont seul l'Italien possède le secret.

Jamais le pickpocket ne porte de gant à la main droite, et, pour masquer ses mouvements, un léger pardessus repose sur son bras gauche. En hiver, un pardessus sur le bras serait suspect. Il se sert alors d'un foulard qu'il feint de déplier pour le passer autour de son cou. A la sortie des églises, des bals, des cafés, le chapeau joue le même rôle que le pardessus et le foulard.

Dans l'argot des malfaiteurs, celui qui fouille s'appelle la « main », les aides s'appellent « nonnes », ce sont les élèves, les factotums, les complices. Ils doivent pendant l'exécution, et cela est capital, se placer entre « la main » et la foule. C'est une garantie de sécurité. Ils ont pour mission, d'abord, de faire le guet pour reconnaître les inspecteurs de police, puis de disposer la victime choisie pour la plus grande commodité de la « main », soit en la poussant plus ou moins fort, soit en attirant son attention du côté opposé à l'opérateur.

Celui-ci, pour masquer sa main droite, élève le bras gauche, sur lequel son pardessus repose, à la hauteur de la poche qu'il veut explorer.

Que de précautions, de délicatesse et de légèreté de doigté il faut déployer, pour mener l'opération à bonne fin!

Deux doigts seulement sont introduits dans la poche; légèrement, ils soulèvent le portefeuille qui, pendant deux secondes, est tenu suspendu, pour que son propriétaire ne sente pas un allègement subit. A ce moment, le « nonne », qui est derrière, pousse un peu la victime. Celle-ci se retourne pour faire une observation et cesse alors de voir et de sentir ce qui se passe devant elle et sur elle.

Quand la poche où se trouve le portefeuille est très profonde ou fermée par un bouton, il y a complication, mais cela ne rebute pas le pickpocket. Au lieu de deux doigts, c'est alors la main entière qu'il faut mettre en œuvre, et, lorsqu'il y a réussite, c'est le comble de l'art.

Si la somme que contient le portefeuille

*En ce temps-là, il y avait sur les quais du métro des chefs de station pour donnerle signal du départ, et, à l'intérieur des wagons, tout autant de pickpockets qu'aujourd'hui...*

est importante, le pickpocket s'acharne sur la victime, la quitte, la reprend et ne l'abandonne qu'après un résultat favorable. S'il est découvert, les « nonnes » viennent à son secours et cherchent à le dégager avant l'arrivée de la police. Presque toujours, le voleur s'échappe.

Un agent expérimenté ne se contente pas d'arrêter la « main », il veut les complices.

Voilà pourquoi « la main » passe les objets volés au premier « nonne », qui les passe au deuxième et ainsi de suite.

Surprise par le volé, la « main » n'a rien sur elle, ce qui lui permet de protester avec indignation :

– Je ne vous ai rien pris, vous pouvez me fouiller...

Et les « nonnes », de surenchérir, en affirmant que leur camarade n'est qu'un modeste commerçant.

Dans la foule, les inspecteurs et les pickpockets ont un comportement identique : les uns guettent pour surprendre, les autres, pour ne pas être surpris...

Aussi, bien souvent, en entendant crier : « au voleur », ou voyant les pickpockets aux prises avec les inspecteurs, des gens bien intentionnés mettent la main au collet de ces derniers, facilitant ainsi la fuite des voleurs.

Dans certains lieux exigus, l'inspecteur ne peut se dissimuler. S'il est repéré par les pickpockets, la meilleure chose à faire est de s'éloigner, sans perdre de vue les malfaiteurs, et de fondre sur eux au moment de l'examen ou du partage du butin, ce qui a lieu dans un endroit écarté, convenu d'avance.

Mais l'arrestation d'un tireur au milieu de la foule reste une opération délicate : peu de gens restent indifférents, il y a un attroupement, des discussions. Parfois même, la foule peut se retourner contre l'inspecteur.

Les Parisiens devraient réaliser que le pickpocket est une plaie.

C'est en vain que nos femmes et nos filles se reposent avec confiance sur le joli petit sac portatif, en cuir de Russie ou en peau de crocodile, dans lequel elles enferment imprudemment leur porte-monnaie et leur mouchoir.

Le pickpocket en aura toujours raison.

– A combien évaluez-vous les vols de cette nature, commis quotidiennement à Paris?

– De quatre à cinq cents.

G. Macé
*Un joli monde.*
Charpentier et Cie, 1897.

*Tout rassemblement de foule est un terrain idéal pour les pickpockets. Ici, l'arrivée triomphale du boxeur Carpentier à la gare Saint Lazare en 1921 (il venait pourtant d'être battu par Jack Dempsey). Dans une foule il est pratiquement impossible d'empêcher les vols à la tire. On se contente de conseiller aux gens de surveiller leurs poches et leurs sacs.*

CAFÉ des OUVRIERS
121
VINS
LIQUEURS
DE MARQUES
VINS
CAFE·LAIT
VIANDOX
PLAT du JOUR
CUISINE
BOURGEOISE

# Le service des garnis

*110 inspecteurs surveillent 12 000 hôteliers, logeurs et leurs clients, soit plus de 200 000 personnes. Il y a parfois une poésie à la Villon dans les noms des établissements.*

Les inspecteurs, en consultant les livres des logeurs, suivent, pour ainsi dire, pas à pas, tous les individus susceptibles de commettre un vol. Ils connaissent tous les bouges, qui sont beaucoup plus nombreux qu'on ne le croit généralement. Quelques-uns servent de refuges à des malheureux incapables de voler, vagabonds ou mendiants, mais ce n'est que l'exception.

Dans le langage des habitués, certains garnis ont des noms très caractéristiques : *L'Abattoir, l'Arche à Noé, les Artistes, le Pou volant, Rocambole, le Grand-Perchoir, la Ravignole, la Bûcherie, le Purgatoire, l'Assommoir, les Chevaliers-Errants, la Biffine, le Grand-Collecteur, le Fossé, la Retape, les Philanthropes, la Loupe, la Gâterie, le Lycée, La Négresse, la Carne, le Sac-au-dos, le Grand Perthuis, à la Grâce-de-Dieu, la Camarde, le Clou, le Rencart, la Boîte-à-Domange, les Misérables, les Philosophes, les Jésus, la Pégriote, l'Emétique, l'Armée-Roulante, les Mystères-de-Paris, les Claque-dents, les Silos, Robinson, l'Ecole-de-Toulon, la Débine, les Colons, le Lapin-voyageur, le Corbillard, les Marais-Pontins, la Charmante, la Gadoue, à la Belle-Etoile, le Casse-Cou, la Nouvelle, la Gouape, la Ruine, la Préfectance, le Chien Crevé, les Entraînés, l'Orangerie, la Rose-des-Vents, la Banque-de-France, les Noceurs, le Rosier, les Aristos, Brise-des-Nuits, le Pérou, les Lilas, l'Elysée, la Caisse-d'Epargne, les Beur-riers, Monaco, les Saint-Anges, le Fils-de-Famille, les Déssoudés, le Radeau-de-la-Méduse, le Choléra, le Grand-Pré, le Ponton, les Refroidis, Monte-à-Regret, la Bérésina, la Corde, au Grand-Bol, la-Puce-qui-Renifle, le Pou-Couronné, etc.*

Il arrive que les logeurs, de crainte de perdre leur clientèle, ou bien menacés, protègent leurs locataires et refusent leur concours à la police. Canler, l'ancien chef de la police de sûreté, est l'inventeur d'un moyen de les amener à collaborer. Lorsqu'il débuta dans ce service, il visita tous les garnis *à voleurs*. Les logeurs lui promirent de le renseigner sincèrement. Mais, pour les raisons que je viens d'indiquer, la plupart ne tinrent pas leurs promesses. Avec un certain nombre d'agents, à toute heure de la nuit, il alla donc faire des perquisitions dans les garnis, emmenant tous les locataires dont les papiers n'étaient pas en règle ou qui n'en n'avaient pas. Parfois, il faisait ces visites vers trois ou quatre heures du matin et, accompagné de ses sergents de ville, il visitait toutes les chambres, faisait relever et habiller tous les locataires, sous prétexte de rechercher un malfaiteur. Bientôt, les logeurs s'aperçurent que leur clientèle ennuyée par ces dérangements continuels, disparaissait peu à peu.

Le service des garnis a une autre utilité, il fournit toute sortes de statistiques, en première ligne celle des étrangers, celles de la situation économique, industrielle et commerciale et enfin, le service fait des recherches dans l'intérêt des familles.

Charles Virmaitre
*Paris-Police*
E. Dentu, 1886.

*Un petit caboulot à Boulogne-Billancourt, près des usines Renault.*

# Ces individus sont recherchés

*Avant l'informatique, toutes les polices diffusaient des feuilles de signalement d'individus recherchés. Quelques extraits du « Moniteur suisse de la police » de 1908. Un inventaire à la Prévert.*

4864. Ganz, Constantin, né en 1891, à Falcade (province de Bellune, Italie), manœuvre, 170 à 175 cm, corpulence assez forte, cheveux et moustache naissante noirs, yeux châtains, dents bonnes, lèvres légèrement épaisses, parle l'italien et un peu l'allemand, sans papiers de légitimation, pourrait porter les habits volés et désignés ci-dessous, fortement soupçonné de vol des objets suivants : un pantalon en laine peignée gris-foncé et à carreaux noirs; une chemise blanche à points bleus, neuve sans col; une camisole; une cravate à nouer en soie noire, une paire de souliers à lacets jaunes, ressemelés; une pipe avec tuyau en merisier et fourneau en porcelaine, sur laquelle est peint un chasseur avec une croix sur la tête; une photographie format carte de visite (buste d'une femme) avec le nom du photographe : « V. Mondo, Padova » au verso. Valeur totale 44, 50 cts. Gantz est en fuite depuis le 24 septembre 1908. Le conduire à la Direction de la police du canton de Berne.

4858. A Neuchâtel, le 24 décembre 1908, il a été encaissé au bureau de la poste, une fausse pièce belge de 5 F, à l'effigie de Léopold II, roi des Belges, et au millésime de 1876. L'empreinte est nette, mais la tranche est défectueuse. Cette pièce qui est le produit d'une composition de plomb et de zinc, pèse 19 grammes. Aviser la préfecture de Neuchâtel.

4075. Un vol à la gare de Territet-Montreux (Vaud), le 8 août 1908, au passage du train de 5 heures 24 min. du soir, au préjudice de Mr. Atkins : un petit sachet en papier gris-jaune, contenent 3 billets de 5 livres et 13 ou 14 livres en or. Auteur : inconnu, 20 à 23 ans, Italien, 180 à 185 cm, svelte, maigre, presque imberbe, portait complet noir, paletot très court et chapeau de feutre gris, a laissé un soulier sur les lieux.

3947. A Lucerne, le docteur Zepf, en villégiature dans un établissement de bains de la contrée, le 15 août 1908, aux environs de midi, a été dépouillé de sa montre et chaîne en or, ainsi que de son porte-monnaie. La montre volée est une savonnette en or, demi-plate, avec chiffres romains, aiguilles en or, écusson non gravé sur la boîte et sans ornement. Le porte-monnaie est en cuir noir, lisse, et contenait une loupe, 60 marks, un petit morceau de peau pour nettoyer les lunettes, un petit calendrier et un minuscule portefeuille en cuir pour timbres-poste.

*Le Moniteur suisse de la police, 1908.*

*Le fichier de l'identité judiciaire avant l'ère de l'informatique. Noter la toque noire du fonctionnaire.*

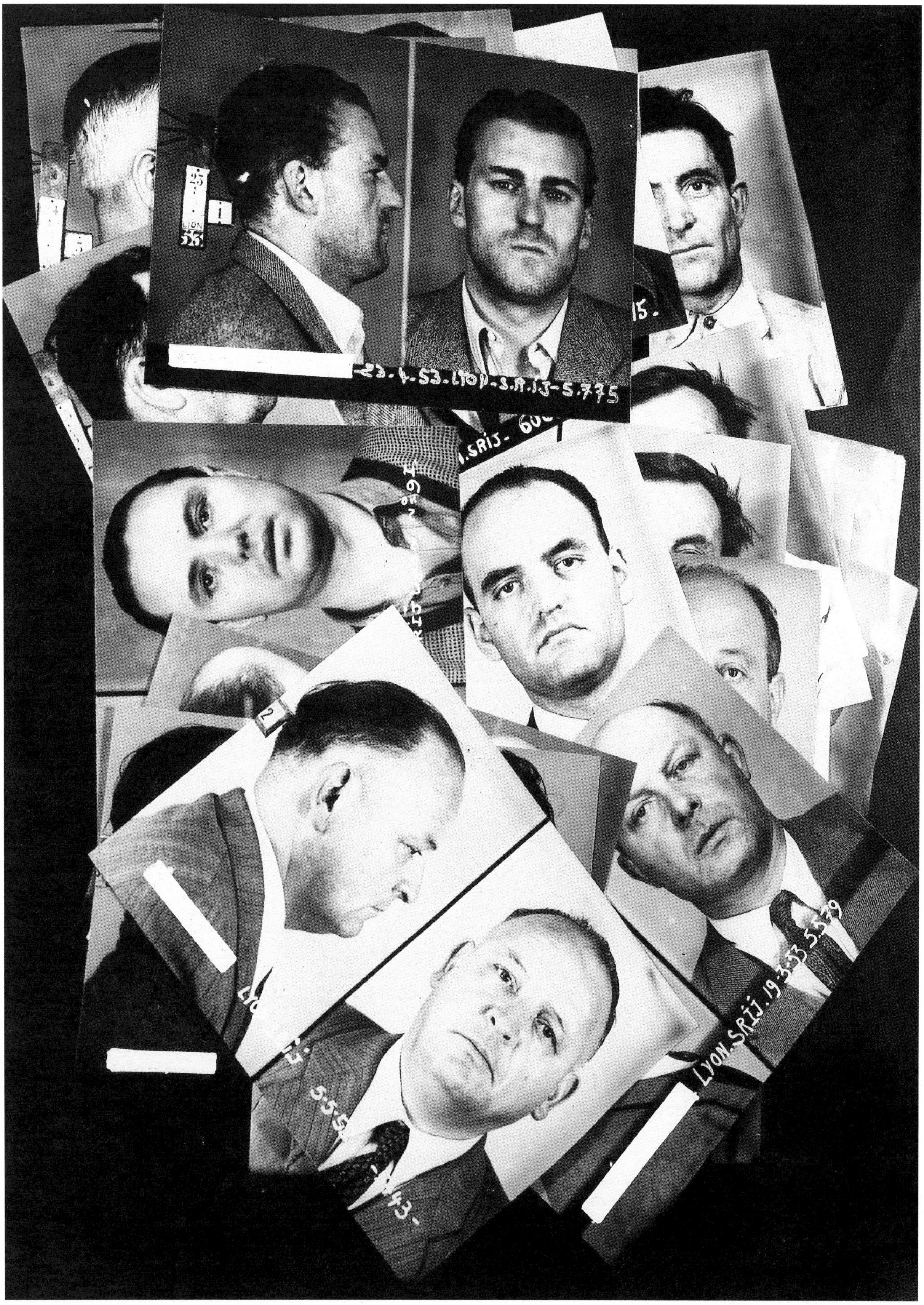
23.4.53-LYON-S.R.I.J-5.775
LYON.S.R.I.J.19.3.53 5.539

*Ci-contre :*
*La photo de la fiche de Vallet, membre de la bande à Bonnot.*

*Page de gauche :*
*Photos, de face et de profil, provenant du SRIJ (service de recherche et d'identité judiciaire) de Lyon.*

*Ci-dessous :*
*Cette modeste feuille paraissait tous les mois et était en vente dans les kiosques. Dans la deuxième colonne, on peut lire qu'une comtesse remercie le journal de lui avoir permis de retrouver un grand plateau d'argent massif volé à Biarritz…*

IX^me ANNÉE — Le Numéro : 10 Centimes — JANVIER 1909

LE JOURNAL DU

# CONTROLE et RECHERCHES

DES BIJOUX ET DES OBJETS PRECIEUX VOLES, DISPARUS OU PERDUS

(Revue Garanty)

Prix de l'Abonnement donnant droit à une Correspondance gratuite sur les opérations de Contrôle ou d'Identification (frais de poste en plus)
FRANCE : un an 6 fr. ; ETRANGER & COLONIES : 8 fr.
*Les Insertions de listes de Bijoux volés, disparus ou perdus*
SONT REÇUES A PARIS ET CHEZ LES CORRESPONDANTS
et se traitent à forfait directement avec l'Administration 131, Boulevard Sébastopol PARIS

DIRECTION, RÉDACTION ET ADMINISTRATION GÉNÉRALES
PARIS - 131, B^d Sébastopol - PARIS
*Toutes les communications doivent être adressées à M. le Rédacteur en chef du Journal du* CONTROLE ET RECHERCHES Boul. Sébastopol, 131, PARIS

*Les Clichés sont à la charge des Publicataires. La Publicité commerciale est reçue chez les Correspondants et à Paris, 131, Boul. Sébastopol — Elle est traitée à forfait par l'Administration du journal. — Tous les encaissements sont confiés à l'Administration des Postes.*
LES MANUSCRITS NON INSÉRÉS NE SONT PAS RENDUS
La Publicité commerciale n'est reçue que pour un minimum de six numéros
Elle est payable sur présentation du 1^er exemplaire justificatif

*Le service officiel du Journal du Contrôle et des Recherches des Bijoux et Objets précieux volés, disparus ou perdus est régulièrement fait à TOUS LES CONTROLEURS de la Garantie d'Etat, en France et en Algérie, ainsi qu'aux Gouvernements généraux des Colonies françaises et à TOUTES LES BRIGADES DE POLICE MOBILE DE FRANCE.*

N. D. L. R.

Nos DÉPÊCHES PAR TÉLÉPHONE

DISPARITIONS SIGNALÉES

Du 2 janvier 1909. Quai St-Antoine, Lyon M. D...

1° Un bracelet en or monté avec perles et saphyrs, d'une valeur de 1.700 à 2.000 francs, avec breloque-cadenas, portant les initiales D. F. (Le bracelet a été *contrôlé à Paris* et fabriqué par la Maison Levey frères).

2° Une bague marquise avec opale et entourage roses, valeur 3 à 4.000 francs. L'extrémité de l'opale est légèrement écornée. (La bague doit porter le *Poinçon de la Garantie de Lyon* et le poinçon de Maître de MM. Gagneur et Combet, fabricants en

Mme la comtesse Annie Potoka nous adresse ses remerciements : Le grand plateau d'argent massif et le service empire qui lui avaient été soustraits à Biarritz, ont été retrouvés engagés au Mont-de-Piété de Toulouse, où ils sont actuellement.

Ce succès est entièrement dû au journal du *Contrôle et des Recherches.*

Nous donnerons, à partir du prochain numéro, la liste des Hôtels abonnés au journal du *Contrôle et des Recherches.*

Louis d'Entrevolx est recherché pour abus de confiance et vol de bijoux à l'Hôtel de Russie, à Nice :

5 Bagues avec pierres, dont une évaluée 1.100 francs. La bague a été montée à Turin, sur or rouge, probablement douteux.

Un Porte-or avec Chiffre en diamants B. D. G. — Porte le *Contrôle de la Garantie de Paris* et le poinçon de Maître de la Maison Herzog Louis.

1 Broche entourage brillants, d'origine anglaise. Maison de Londres.

Le service officiel du journal du *Contrôle et des Recherches* des Bijoux et Objets précieux volés ou disparus est régulièrement fait à *tous les Contrôleurs* de la Garantie d'Etat, en France et en Algérie, ainsi qu'aux gouvernements généraux des Colonies françaises et à *toutes* les Brigades de Police mobile de France.

RECHERCHES

Dans la nuit du 21 au 22 novembre 1908, un vol avec escalade et effraction a été commis dans le magasin du sieur

*Une bague feuille gui, 2 perles, or jaune.*

*Une bague art nouveau, fleur or de couleur, corps fil or, un rubis.*

*Une bague art nouveau, violette or de couleur, corps fil or, une perle.*

*Une bague, 3 corps non séparés avec une rose à chaque corps, modèle ancien.*

*Une bague 2 corps, massive, tout petit doigt.*

*Une bague un corps, cœur émeraude entourée de perles, pour petit doigt enfant.*

*Un collier forçat, or jaune, massif.*
*Un collier forçat, or jaune, léger.*
*Deux colliers colonnes, or jaune.*
*Un collier colonnes, or rouge.*
*Deux cœurs, médaillon, or jaune, le plus gros uni, l'autre avec une perle.*
*Une médaille or jaune, tête Vierge en relief.*

*Une médaille or rouge avec guirlande repercée, or de couleur.*

*Une médaille, forme croix grecque, ange de Raphael, or jaune, massive.*

*Une médaille ronde, or jaune, ange de Raphael.*

*Il a été soustrait également une montre 13 lignes, or rouge, massive, carrure à facettes, bélières à facettes, marquée aux initiales E. H. en gothique, enlacées, occupant tout le fond de la boîte, mouvement Lecoultre. Numéro inconnu.*

*(Nous publions cette liste de bijoux volés avec la ferme assurance que la publication, répandue par nos soins aux quatre coins de la France, donnera des résultats prochains, mais combien cette assurance n'eût-elle pas été plus précise si les Bijoux recherchés avaient pu être signalés au moyen de notre méthode d'identification ?)*

N. D. L. R.

UNE AFFAIRE MANQUÉE

Photographies d'Individus

mêlés à des vols de bijoux et arrêtés ou recherchés par la Sûreté.

NOCE Louis

recherché par le Parquet de Toulon depuis le 31 Octobre 1907 pour vols de bijoux

INFORMATIONS

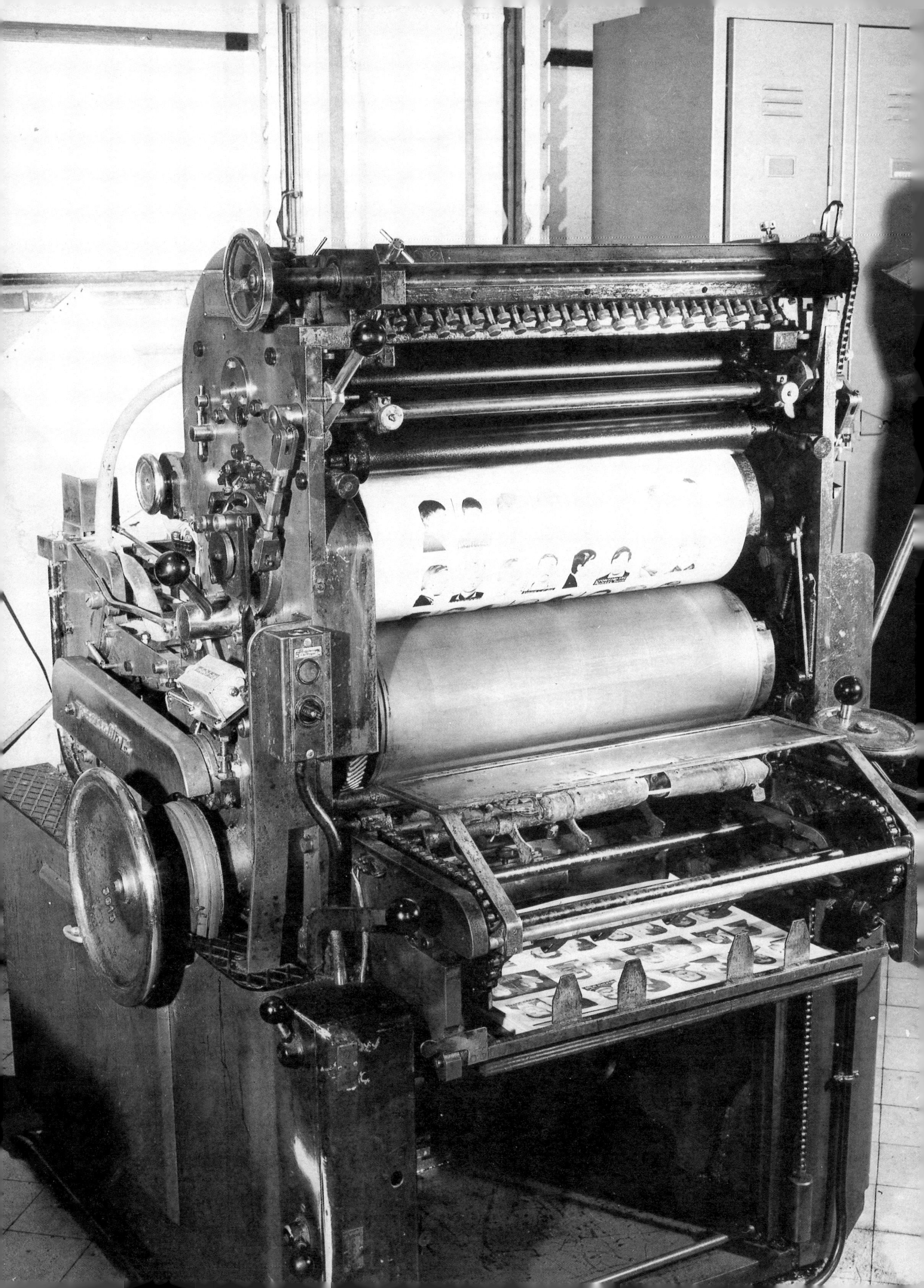

# Comment télégraphier un portrait?

*En vue de transmettre plus facilement les signalements des individus, un professeur de police scientifique propose un code télégraphique du portrait parlé. Une autre invention de Bertillon.*

NOUS SUPPOSONS QUE LE LECTEUR est au courant de la classification décimale. Employons ce même principe de classement au portrait parlé. La première classification est donc la suivante :

– 0,1 : front.

– 0,2 : nez.

– 0,3 : oreille.

– 0,4 : bouche, lèvres, menton.

– 0,5 : contour général du profil et contour naso-buccal.

– 0,6 : contour général de la face, profil du crâne proprement dit.

– 0,7 : sourcils, paupières, globes et orbites.

– 0,8 : cou, rides, carrure, ceinture, attitude, allure générale, voix.

– 0,9 : yeux, cheveux, barbe, pigmentation de la peau.

Si donc nous voyons sur un signalement télégraphique 0,1 nous savons tout de suite qu'il s'agit du front. On sait d'autre part, que le front est examiné sous divers angles, toujours classés eux-mêmes, par la méthode décimale en partant du 0,1. Nous aurons alors :

– 0,11 : degré de saillie des arcades sourcilières.

– 0,12 : inclinaison de la ligne de profil du front.

– 0,13 : hauteur du front.

– 0,14 : largeur du front.

– 0,15 : particularités du front.

Les arcades sourcilières peuvent aller du très petit au très grand, exprimées par la méthode décimale :

– 0,111 : arcades très petites.

– 0,112 : arcades petites.

– 0,113 : intermédiaires

Et ainsi de suite, pour le nez, les yeux, la bouche, les oreilles, le menton, etc.

Le signalement chiffré commencera par l'âge de l'individu et sa taille. Puis le signalement est télégraphié en suivant l'ordre de la fiche du portrait parlé. Les zéros sont maintenus pour indiquer la séparation des signes caractéristiques et empêchent ainsi la confusion des nombres. Les virgules sont supprimées.

Exemple d'un signalement télégraphié :

30 175 01512 0224 0234 0255 02732 03116 03233 03243 03325 03415 03522 04124 04144 04147 05521 06214 06218 07151 07161 0911112 09112211 092413

Total : 29 mots (5 chiffres comptant pour un mot)

Le même télégramme maintenant en clair :

*Age apparent 30 Taille 175 sinus dos nez rectiligne base horizontale saillie grande limite particularité cloison non apparente oreille bordure originelle grande lobe traversé limite et dimension petite limite antitragus saillant limite pli inférieur vexe limite forme rectiligne limite particularité sillons séparés orthognate supérieur face longue biconcave sourcils clairsemés blonds clairs lèvre inférieure proéminente épaisseur grand inférieure pendante cou long auréole jaune moyen périphérie intermédiaire verdâtre moyen cheveux blonds foncés.*

Total 75 mots.

Le coût du télégramme contenant le signalement chiffré est de 3 frs.40; celui du télégramme en mots est de 8 francs.

Si l'on prend en considération que ce code est absolument international, on réalisera qu'un sérieux pas en avant sera fait dans l'internationalisation de la police, qui devient de plus en plus nécessaire.

RODOLPHE ARCHIBALD REISS
*Un code télégraphique du portrait parlé.*
A. Maloine, 1907.

*L'imprimerie des services de recherche. Les photos des personnes recherchées seront diffusées dans la France entière.*

# Happer les apaches par le fond de leur culotte

*Déjà en 1900, de courageux toutous sont les fidèles auxiliaires des agents. Le briard « Ballon » ne fait qu'une bouchée de Bamboula-la-Terreur.*

Avant-hier, vers dix heures, un jeune homme, Edmond Biron, qui rentrait paisiblement chez lui était soudain entouré par dix individus menaçants. L'un d'eux, lui mettant un revolver sous le nez, le somma d'avoir à lui remettre – et plus vite que ça – l'argent qu'il avait dans ses poches. Terrorisé, le malheureux sentant toute résistance impossible, s'exécuta et donna, tremblant, son porte-monnaie, sa montre, sa chaîne et quelques menus objets à ses agresseurs qui disparurent.

Au premier agent qu'il rencontra, Biron contait son aventure, lorsqu'il aperçut un des malfaiteurs qui l'avait molesté, un gamin de seize ans. Il le désigna aussitôt au gardien qui l'empoigna au col et le mena aussitôt au poste de la rue des Orteaux.

Interrogé, il ne tarda pas à faire des demi-confidences et les agents en surent assez pour se mettre aux trousses de la bande.

Hier matin, ils établissaient une souricière dans un bar à double issue, où fréquentait ordinairement la bande, à l'angle de la rue des Pyrénées et de la rue de la Volga, et en cueillirent les membres au fur et à mesure de leur sortie. Ils eurent bientôt passé les menottes aux mains de Pierre Gaston dit « Toto », Maurice Klein dit « le Rouquin » ou « Zizi », Albert Mussot dit « Bébert », Gustave Laenglen dit « Glanglan », un pupille, paraît-il, de l'ancienne bande Leca et Manda.

Restait le chef de la bande, un pâle voyou de dix-sept ans, Eugène Soupault, dit « Bamboula-la-Terreur ». Il allait s'échapper, quand soudain, le chien policier « Ballon », qui accompagnait les agents, le happa par le fond de sa culotte, alors qu'il allait disparaître derrière un mur, et l'immobilisa. Pour récompenser le brave animal, on lui confia la garde du malandrin. Ce ne fut d'ailleurs pas inutile, car, à l'arrivée au poste, Bamboula donnant un brusque croc-en-jambes à l'un des agents, allait de nouveau prendre la fuite, lorsque « Ballon », lui sautant à la tête, lui planta ses crocs dans l'oreille. Tout ce joli monde qui vit de prostitution, de vols à main armée, de cambriolages, et dont le plus âgé a vingt ans à peine, a été trouvé porteur de couteaux à cran d'arrêt, de revolvers et d'une correspondance suggestive avec des parents ou amis dont la plupart sont dans les prisons centrales, aux bataillons d'Afrique ou à l'étranger. Comme signe distinctif, chacun d'eux avait cinq points tatoués sur le pouce de sa main droite et l'initiale de son nom gravée sur la main gauche.

*Le Matin*
Paris, 1900.

*En 1912, l'agent Desmaret pose avec le chien « Rips » qui lui a sauvé la vie. En bondissant sur les malfaiteurs, c'est lui qui reçut les trois balles de browning destinées à son maître.*

*Pages suivantes : En 1908, des agents patrouillent avenue de la Grande Armée. La préfecture loue alors 26 toutous dressés au Club du Chien de Paris.*

AUX
GALERIES
LAFAYETTE
AUX
GALERIES
LAFAYETTE
NOEL
GALERIES LAFAYETTE

# Les frotteurs

*Dans les grands magasins, on trouve de tout, y compris une faune très spéciale. Visite guidée par un policier spécialisé.*

*Ci-contre : La cantine des vendeuses dans un grand magasin.*

*Page de gauche : Les grands boulevards à l'époque de Noël.*

On reconnait les frotteurs à leur regard plongeant de haut en bas, et qu'ils dirigent vers l'échancrure des robes pour voir la gorge des femmes. Leur choix fait dans un but obscène, ils frôlent la femme, allument leur désir en chiffonnant sa robe. Quelques-uns, plus hardis, plus effrontés, se livrent à des attouchements clandestins et s'en vont rassasiés, laissant souillé le vêtement féminin.

Il y a aussi une catégorie curieuse d'individus. Je les compare aux éperviers qui, ayant longtemps tournoyé dans les airs, fondent tout à coup sur leur proie, et s'envolent ensuite au plus haut de l'espace.

En effet, ces hommes vont d'une cohue à l'autre et tournent longuement avant de s'arrêter; puis, leur choix fait, on les voit s'élancer sur la femme visée, et lui embrasser follement les cheveux qui frisent sur la nuque... Puis ils s'esquivent, en faisant claquer leur langue d'une façon sonore, se léchant les lèvres pour savourer le parfum que les petites *frisettes* viennent d'y laisser.

Il y a beaucoup d'amateurs pour ces friandises. Ils préfèrent les cheveux relevés, ceux dégageant bien la nuque pour faire valoir le cou et laisser en liberté les petites mèches mignonnes et agaçantes.

Ceux qui se livrent à ce manège l'accomplissent avec audace et rapidité. Ce sont pourtant des gens d'un certain âge (40 à 50 ans), des personnes appartenant à une classe aisée et cultivée.

Mais voici la catégorie la plus singulière. Nous désignons ceux qui en font partie sous le nom de « destructeurs ».

Ces maniaques coupent, à l'aide de ciseaux, les robes, les manteaux des femmes et les morceaux qu'ils enlèvent sont précieusement entassés dans des tiroirs. Sur l'étiquette indicatrice, on lit, avec la date, le nom du magasin, le signalement de la femme, la satisfaction du... charme éprouvé.

Pour terminer cette triste série, il reste les collectionneurs de mouchoirs. Ceux-là, au moins, ont un but marqué, un but fort peu avouable... difficile à raconter... but caché, il est vrai, jusqu'au moment de leur arrestation : on trouve cet article... enroulé autour d'une partie de leur corps...

Toutes ces manœuvres tombent sous l'application de la loi seulement, en pratique, la preuve est presque impossible à établir. Les agents s'abstiennent d'opérer..

G. Macé
*Un joli monde*
Charpentier et Cie, 1897.

# L'ILLUSTRÉ

TOUS LES DIMANCHES

DU PETIT JOURNAL

GRAND HEBDOMADAIRE POUR TOUS

56

20-3-32

## LA CHASSE AUX BANDITS EN AUTO

*Une auto suspecte file dans la nuit sans souci des signaux... Est-ce celle de bandits qu'on recherche ?*
*Poursuite éperdue... Coups de revolver... Un agent jette sa bicyclette devant la voiture pour l'arrêter*
*Embardée... Fuite... L'auto mystérieuse s'éloigne, s'échappe...*

(Voir l'article page 10)

# Eloge des « hirondelles »

*Pages suivantes :*
*La ronde silencieuse de deux agents cyclistes. Photo prise dans les années cinquante : les vélos sont très modernes.*

*Le journal satirique « La Lanterne » se moque des brigades cyclistes récemment créées par Louis Lépine, à l'occasion de l'Exposition universelle, et organisées par M. Mouquin, directeur de la police municipale.*

*Ci-dessous :*
*Ces trois agents cyclistes ont leur sabre-baïonnette glissé dans un étui spécial, placé sur le cadre de leur vélo. Cette arme disparaîtra en 1896, remplacée par le bâton blanc. Noter la petite lanterne (à bougie), fixée à la fourche avant.*

M. Mouquin est un second pere pour les agents cyclistes. Et ce second père, qui a procréé, avec une plume, dans un fauteuil, trois cent quarante enfants d'un coup est aussi fier d'eux que M. Lépine.

– Ecoutez, m'explique d'un air bon enfant ce grand et gros homme, les services rendus par les agents cyclistes sont si nombreux et si évidents que l'Europe nous envie notre compagnie.

Il faut penser que j'avais l'air surpris, car M. Mouquin insiste :

– Oui, monsieur, l'étranger nous envie. La preuve, c'est que Berlin, Buda-Pest, Vienne, Bruxelles, Turin ont marché sur nos traces et que ces grandes villes possèdent aujourd'hui des services cyclistes copiés presque exactement sur le nôtre... Et la jeune Amérique! Croyez-vous que New-York tarde à marcher sur les traces de Paris?... A tous les points de vue nous ne pouvons que nous féliciter... Nos agents, vous le savez, vont par deux, sauf à la Villette où ils vont par trois...

Facétieux, je demande :

– Mais quand les deux agents doivent descendre de machine pour pincer des fuyards ou intervenir dans une bagarre... qui donc protège leurs bicyclettes? N'arrive-t-il pas que, fût-ce seulement pour le plaisir de narguer la police, quelque mauvais plaisant dérobe les bécanes?

– Le cas ne s'est jamais présenté, assure M. Mouquin.

Il ajoute : chaque homme est propriétaire de sa machine. Nous leur donnons seulement une indemnité mensuelle de 10 francs, qui représente la location. Ils ont tout intérêt à ménager leurs montures. Cependant, quand une avarie de machine se produit dans le service, nous payons la réparation.... Avec cela, sans grandes dépenses, vous le pouvez constater, nous avons d'excellents agents cyclistes. Ce sont des hommes de choix, des gaillards qui mesurent de 1, 70 m à 1, 80 m. Un agent cycliste fait la besogne de quatre agents à pied...

*La Lanterne*
6 avril 1901.

*Page de gauche, en haut : La patrouille surprend un voleur. Au début, les hommes utilisaient leur propre engin et touchaient une indemnité.*

*Page de gauche, en bas : L'atelier de réparation des vélos au temps de la pélerine.*

*Ci-dessous : Le peloton cycliste de Bordeaux vers 1950.*

# La morgue

*Autrefois, la morgue avait coutume d'exposer les cadavres dans une galerie ouverte au public.*

*Ci-contre : C'est à travers cette vitre de la « salle de reconnaissance », que les familles ou les témoins voient les corps, montés par ascenceur de la « glacière » où ils sont conservés.*

*Page de gauche : Le « vestiaire » où sont conservés les vêtements des morts inconnus, en attente d'être un jour identifiés. Cette série de photos date de 1935.*

HATONS-NOUS DE JETER un coup d'œil dans la salle d'exposition. Au premier plan, devant la vitrine, la rangée de chariots et des cadavres exposés à droite, des vêtements montés sur des mannequins d'osier; tout au long des murs, de gros tuyaux couverts de givre qui vont à la machine frigorifique qu'on entend battre sans la voir. La salle a de belles proportions, elle est soigneusement tenue. Derrière le double vitrage qui lui donne un faux air d'aquarium, on voit circuler le public. Rien n'est plus curieux à observer que ce flot perpétuel de vivants qui viennent regarder les morts. Les hommes entrent carrément, jettent un coup d'œil sur chaque cadavre et passent. Les femmes, plus réservées, font un visible effort pour satisfaire leur curiosité, elles sont venues chercher le cauchemar qui les poursuivra toute la nuit. Les enfants grimpent sur la rambarde, se hissent pour mieux voir. Voici une nourrice avec son nourrisson. Voici plus loin une femme de chambre avec la marmaille qu'on lui a confiée pour la mener jouer dans le square Notre-Dame. Dans les grands jours, au moment d'un crime retentissant et d'une exposition de victime célèbre, la foule est énorme. Une queue s'organise sous la surveillance du gardien et des sergents de ville. Au milieu des rires, des plaisanteries, des calembours, on se pousse, on s'excite, mais cette gaîté a quelque chose de forcé. Aucun de ceux qui se pressent devant la vitrine ne consentirait à passer deux minutes seul à seul avec un cadavre.

L'exposition des corps a été combattue de tous temps par des adversaires acharnés, jugeant le spectacle désastreux pour la morale. Mais l'intérêt public est là : en la supprimant, on ferait immédiatement doubler le nombre des inconnus. En 1885, sur 858 corps amenés à la morgue, 93 sont restés inconnus et sur les 765 reconnus, 91 l'ont été par l'exposition publique...

*La Revue des Deux Mondes,*
15 janvier 1891.

*Ci-dessus :*
*Les corps sont conservés à basse température dans les tiroirs de la « glacière ».*

*Ci-contre :*
*Nettoyage de la salle d'autopsie. Noter la table-évier en pierre.*

*Ci-contre :*
*Des mains et des « doigts de gants » révélateurs d'identité grâce aux empreintes, sont conservés dans du formol.*

*Ci-dessous :*
*La salle « du départ » où est dressée la chapelle ardente pour les corps reconnus par les familles. Ensuite, ils quitteront la morgue pour le cimetière.*

*Corrida dans les jardins du Parc des Expositions pendant le Salon agricole de 1923. La photo a été retouchée avant d'être publiée.*

# DES HOMMES A TOUT FAIRE

*Les lauréats de la « Croisade pour l'amabilité » : les gardiens de la paix Colson et Deduit, la concierge Mme Muairon et le chauffeur de taxi russe Zoubkoff.*

*L'agent-interprète. Encore une invention du préfet Lépine qui, en 1905, « offrit » à quelques-uns de ses agents des cours à l'école Berlitz (dont il avait rencontré le directeur au cours d'une croisière). On les appela aussitôt « les agents-Berlitz ».*

*Un policier chargé de surveiller la plage d'Atlantic City, aux Etats-Unis, vérifie la longueur du maillot d'une baigneuse. Les ligues puritaines étaient alors implacables.*

*Ci-contre :*
*Le photographe de « la maison », à gauche, et l'orchestre de la police.*

*Ci-dessous :*
*Deux agents surveillent l'opération « un billet pour les gueules cassées ». Cette association regroupait tous les blessés à la face de la guerre de 14.*

*Ce petit garçon
a voulu jouer
avec des menottes…*

Séance de culture physique (avec képi).

CP.1

*Page de gauche :*
*On est en Angleterre.*
*A Noël, la dinde*
*est sacrée.*

*Ci-dessous :*
*A Londres, les policiers*
*n'ont pas hésité à*
*se travestir à l'occasion*
*d'une fête de charité.*

5195

# 140 francs par mois et en plus des insultes...

*Vers 1885, pour des raisons sans doute précises (maladresse des préfets, existence d'une police politique impopulaire...), la police perd tout prestige, les agents se faisant parfois insulter dans la rue. Un journaliste entreprend de réhabiliter les agents.*

Le premier acte du nouveau préfet M. Gragnon fut de supprimer la police politique et de relever le prestige de ses employés et de ses agents aux yeux du public. Il s'efforça surtout de détruire cet absurde préjugé qui veut que tous ceux qui appartiennent à la préfecture de police, employés, inspecteurs, sergents de ville, soient considérés comme des « mouchards » et forcément des êtres misérables, tarés, sur lesquels il faut courir comme sur des bêtes fauves.

Depuis que certains journaux ont publié de prétendues révélations sur la préfecture de police, la haine contre tout ce qui touche à cette administration de près ou de loin a atteint des sommets. Si un journaliste, indigné des attaques injustes dirigées contre la préfecture, rétablit la vérité, c'est un « mouchard ». Cette haine est si ancrée que la foule, qui a pourtant recours à tout propos et hors de propos à la police, insulte les agents en uniforme.

On rencontre les sergents de ville, les premiers au feu, rivalisant avec les pompiers. Tous les jours les journaux enregistrent des actes de sauvetage accomplis par eux : chevaux emportés, maîtrisés, chiens enragés tués, poursuites périlleuses sur les toits, plongeons dans la Seine pour repêcher des suicidés. Le public est tellement habitué à lire le récit de ces actes de dévouement, qu'il n'y fait plus attention.

Parfois, quand le temps est trop mauvais, l'agent s'embusque sous une porte. De sa place, il voit les fenêtres de la maison d'en face éclairées, éblouissantes de lumière. L'écho lui apporte les sons de la musique et l'air, les effluves du souper. Il ne se plaint pas de cette inégalité du sort, qui fait que celui qui veille à la sécurité des autres grelotte de froid, quand ceux sur lesquels il veille s'amusent, boivent, chantent et dansent. Tout à coup un cri retentit, troublant le silence de la nuit : A l'assassin! Au secours! L'agent s'élance, il est entouré, assailli, il va succomber. Les fenêtres s'ouvrent : quel est donc ce tapage, qui ose ainsi troubler le sommeil ou les plaisirs bourgeois?

– Ce n'est rien, dit quelqu'un, c'est un policier qui veut arrêter des malfaiteurs!

Le bourgeois fait refermer sa fenêtre, sans songer à aller à son aide, et, le lendemain, cet égoïste est le premier à réclamer le secours du « policier » qu'il laissait tranquillement assassiner la veille.

Au café, il raconte bien haut que la police est mal faite, que la veille, on a attaqué quelqu'un en face de chez lui!

Etre sergent de ville, disent ceux qui n'osent

*Vague de chaleur sur la capitale. Il arrivait souvent que des agents de la circulation soient victimes d'insolations.*

POLICE
POLICE
ATTENDRE LA RÉPONSE "ICI POLICE"
INDIQUER A HAUTE VOIX, SANS CRIER,
MOTIF DE L'APPEL
ADRESSE OÙ DOIT ÊTRE PORTÉ SECOURS
OU RESTER PRÈS DE L'AVERTISSEUR

pas les appeler canailles, c'est un métier de fainéant !

Ah! Il est joli le métier!

Les agents de quartier font un service de onze heures et demie en moyenne, sans compter les services supplémentaires : incendies, revues, réquisitions, anniversaires, meetings, etc. Onze heures et demie sur vingt-quatre!

Combien d'ouvriers en font autant?

L'appât d'appointements élevés est-il le mobile qui inspire et stimule le dévouement des agents?

Ils sont divisés en trois classes. La moyenne des appointements s'élève à la somme de cent quarante francs par mois, tout compris, pas tout à fait *quatre francs soixante-dix centimes par jour!*

On voit que c'est peu, et que le moindre des ouvriers est plus favorisé que ceux qui sont chargés de veiller à notre sécurité. Quant aux dangers, ils ne sont pas tarifés.

Les agents accomplissent en moyenne, par année, cinq cents actes de dévouement. En 1884, il y eut un officier de paix de tué et cent soixante agents blessés en se portant au secours des citoyens.

Ce chiffre est éloquent.

Charles Virmaître
*Paris-Police*
E. Dentu, 1886.

*Ci-dessus :*
*Un agent blessé pendant les émeutes du 6 février 1934.*

*Page de gauche :*
*En 1948, les Parisiens disposaient de 712 bornes d'appel. Il fallait briser la vitre avant de parler.*

PRÉFECTURE DE POLICE

DIRECTION GÉNÉRALE DES RECHERCHES

SERVICE DE L'IDENTITÉ JUDICIAIRE

N°

Avis essentiel.
Les réponses do... rappeler en marge toutes les indications qui figurent ci-dessus et être adressées au Préfet de Police (Identité Judiciaire)

RÉPUBLIQUE FRANÇAISE

LIBERTÉ — ÉGALITÉ — FRATERNITÉ

103

Vu et Annexé
Le Commissaire de Police

Paris, le 24 Octobre 1902

RAPPORT

Le 17 du courant, j'ai été chargé par M. JOLLIOT, Juge d'Instruction, de photographier l'appartement situé au N° 157 de la rue du Faubourg St-Honoré où un crime avait été commis sur la personne d'un sieur REIBEL, domestique au service de M. ALAUX, dentiste.

Au cours de cette opération j'ai été amené à reproduire des empreintes de doigts assez apparentes sur un carreau d'une vitrine du salon de M. ALAUX.

Les empreintes dont il s'agit pouvaient avoir été laissées soit par l'assassin présumé, soit par sa victime, soit enfin par une personne quelconque ayant pénétré dans le salon de M. ALAUX. Dans l'impossibilité matérielle de vérifier la dernière hypothèse, je n'avais à m'occuper que des deux premières, ce qui m'a permis tout d'abord de constater que les empreintes inconnues n'avaient aucune analogie avec celles de la victime. Dès lors les recherches se trouvaient limitées aux répertoires anthropométriques. Effectuées avec le plus grand soin, elles ont fait découvrir une fiche concernant un nommé SCHEFFER Henri Léon âgé de 26 ans, mesuré le 9 Mars dernier comme inculpé de abus de confiance, et dont les empreintes digitales concord... manière frappante, avec celles relevées sur le lieu du cri...

Afin d'en faciliter la comparaison, j'ai fait agrandir ... cuments à une échelle supérieure de 4 fois à la grandeur n... et le rapprochement des épreuves apparaît alors avec la pl... netteté.

Ci-joint une reproduction des pièces mentionnées au p... rapport.

---

L'examen des pièces sus-énoncées fait ressortir les c... tions suivantes: (voir la Planche ci-jointe de 35 ...)

Similitude caractéristique du dessin central de chaqu... preinte, soit:

1°: Pour le Pouce, lacets à direction oblique à droite c... nant 12 sillons entre le point central et le triangle d'int...

2°: Pour l'Index, lacets à direction oblique à droite co... 8 sillons entre le point central et le triangle d'intersect...

3°: Pour le Médius, sillons en forme d'arcs superposés a... centre de l'empreinte, un seul lacet oblique à droite renfe... un sillon central.

4°: Pour l'Annulaire, le centre du dessin est formé d'un... enfermé dans un cercle -à remarquer une légère solution de... nuité dans la partie supérieure gauche du cercle-. Une spira... toure ensuite le cercle en commençant par le côté inférieu... et finissant, après une triple révolution, sur le côté supérieur gauche. D'autres sillons ou fragments de sillon se greffent sur les côtés de la spirale et la forme générale de l'empreinte se continue en arcs superposés.

A côté de cette similitude de dessins, j'ai également relevé, sur chaque empreinte, un certain nombre de particularités repérées à l'aide de numéros figurant à la fois sur les empreintes relevées sur la vitrine du salon de M. ALAUX et sur celles qui existent sur la fiche du nommé SCHEFFER Henri Léon, retrouvée dans les répertoires anthropométriques.

En voici la nomenclature:

1°: POUCE.
- N°1- Sillon bifurqué.
- 2- Arrêt du sillon central.
- 3- Echancrure formée par un fragment de sillon se greffant sur la partie supérieure gauche du 4°sillon.
- 4- Arrêt du 10°sillon.
- 5- Arrêt de sillon.
- 6- Sillon bifurqué.
- 7- Arrêt du 9°sillon.
- 8- Arrêt de sillon.
- 9- Arrêt de sillon
- 10- Bifurcation produite par la réunion des 7°et 8°sillons.
- 11- Arrêt de sillon.
- 12- Arrêt de sillon.

2°: INDEX.
- N°1- Trace de cicatrice située sur le haut de l'empreinte.
- 2- Arrêt du sillon central formant boucle.
- 3- Crochet formé par la base et le côté gauche du triangle d'intersection.
- 4- Sillon bifurqué.

3°: Médius

3°: MEDIUS.
- N°1: Trace très apparente de cicatrice situé... le côté gauche de l'empreinte.
- 2- Lacet central légèrement échancré dans... tie supérieure gauche et fragment de s... se greffant sur la partie supérieure d...
- 3- Sillon bifurqué.
- 4- Arrêt de sillon.

4°: ANNULAIRE.
- N°1- Arrêt de sillon.
- 2- Sillon bifurqué.
- 3- Arrêt de sillon.
- 4- Sillon bifurqué.
- 5- Arrêt externe de la spirale centrale.
- 6- Arrêt interne de la spirale centrale.

---

CONCLUSIONS.

Il appert que les empreintes digitales photographiée... nous sur la vitre brisée dans un des salons de M. ALAUX cor... dent exactement à celles que le pouce, l'index, le médius ... l'annulaire de la main droite du nommé SCHEFFER auraien... occasionner.

La position respective des traces de doigts imprimé... les deux faces opposées de cette vitre, savoir: celle du po... sur la face extérieure, et celles de l'index, du médius e... l'annulaire sur la face intérieure de la vitrine fracturée, montre incontestablement que l'apposition de ces emprein... été faite après le bris de la susdite vitre.

LE CHEF DU SERVICE DE L'IDENTITE JUDICIAI...

Alphonse Bertillon

# Comment rédiger un rapport?

*Dans ce petit livre de poche destiné aux jeunes gardiens, tous les cas sont envisagés... Une époque où une dactylo pouvait déplacer un représentant de l'ordre pour lui faire constater qu'un clou avait déchiré sa jupe...*

*Affiches non timbrées*

A 20 HEURES, rue Louis-Blanc, sur la façade de l'Ecole Colbert, j'ai remarqué que deux affiches fraîchement collées et intitulées : *Chômeurs! Unissons-nous pour la défense de notre allocation*, commençant par ces mots : *Le Comité des chômeurs du 10e arrondissement, etc.*, et se terminant par ces mots : *Assistez tous au grand meeting qui aura lieu demain à 20 heures, à la Maison des Syndicats, 33, rue de la Grange-aux-Belles*, n'étaient revêtues d'aucun timbre fiscal.

J'ai décollé une de ces affiches, mesurant 60 centimètres sur 40 centimètres environ, pour joindre au présent rapport.

Me rendant au poste et passant rue Perdonnet, j'ai remarqué un homme apposant des affiches sur l'immeuble portant le n° 16. A ma vue, il a pris la fuite.

Je l'ai rejoint à quelques mètres de là; il était porteur d'une musette contenant 25 affiches, conformes à celle que je venais de décoller. Il m'a indiqué qu'elles lui avaient été remises à 18 heures, place du Combat, par une femme qu'il ne connaît que de vue et qui lui aurait demandé, moyennant la somme de 20 francs, de les apposer sur le 10e arrondissement; il a ajouté qu'il ignorait être en infraction.

Conduit au poste, il a donné son état civil comme suit : Lange André-Jules, né le 14 octobre 1836 à Reims (Marne), de feu Pierre et de Lucie Dubar, menuisier en chômage, demeurant en hôtel, rue de Meaux, n° 34.

Il a été relaxé à 22 h 50, après vérification d'identité et de domicile, et prévenu qu'il serait l'objet d'un procès-verbal pour apposition d'affiches non timbrées.

*Briquet non estampillé*

Je dépose à votre bureau un briquet au ferrocérium en métal blanc, non estampillé et en bon état de fonctionnement trouvé dans la fouille du nommé Dupin Jean, demeurant 8, rue Bleue (9e), arrêté à 23 heures rue du Mail, n° 2, et écroué au poste pour ivresse.

*Reproduire en marge du rapport le schéma du briquet.*

*Dégâts, vêtements détériorés.*

A 8 heures, rue Dauphine, en face du n° 8, Mme Tixier Raymonde, sténographe, demeurant 23, rue Doudeauville, m'a déclaré que passant devant l'étalage de M. Legros Aurélien, crémier, 5, rue Dauphine, elle avait déchiré sa jupe à hauteur du genou droit à un clou fixé à une caisse.

J'ai accompagné cette dame et j'ai constaté qu'un clou dépassait de deux centimètres à une planche dans la concession d'étalage.

M. Legros s'est excusé et s'est immédiatement offert à rembourser le montant de la réparation que la plaignante se propose de faire exécuter chez une stoppeuse.

J'ai constaté que la jupe de couleur bleue que portait Mme Tixier était déchirée sur 5 ou 6 centimètres de longueur.

Témoins :

1° – Mme Reille Adélaïde, confectionneuse, demeurant 3, rue Servandoni.

2° – Mlle Papin Odette, dactylographe, demeurant 17, rue de Prony.

Adresses échangées. Je ne suis pas témoin.

*Le rapport de Bertillon qui permit en 1902 de confondre l'assassin Scheffer grâce aux empreintes de doigts graisseux laissées sur un morceau de vitre.*

*Prise de consignes*
*au commissariat.*

*Cinéma,*
*infractions dans la salle*

A 20 h 45, de service au cinéma « Pathé », situé 5, boulevard Montmartre, j'ai constaté que la direction avait fait placer une dizaine de chaises dans les allées reservées à la circulation du public et que la porte de secours située sur la gauche de la salle était obstruée par une caisse qui en gênait le fonctionnement; en outre, la lampe de l'éclairage de secours, placée au-dessus de cette porte était éteinte.

J'ai fait appeler M. Delanoy, directeur de l'établissement, pour lui faire remarquer les infractions que je venais de constater et je l'ai invité à se conformer aux règlements.

Le nécessaire a été fait en ma présence en ce qui concerne les deux dernières infractions, mais M. Delanoy a refusé d'enlever les chaises en disant qu'en raison des obligations imposées par l'application des nouvelles taxes sur les cinémas, il était désagréable pour un directeur de salle de spectacle de refuser des spectateurs.

M. Delanoy a été prévenu qu'il en serait rendu compte.

*Circulation irrégulière,*
*refus d'obtempérer*

A 8 heures, avenue des Champs-Elysées, n° 45, j'ai remarqué qu'un charretier, conduisant au pas deux chevaux attelés à une voiture à quatre roues faisait suivre, tantôt l'allée centrale, tantôt l'allée droite à son attelage, alors que la circulation dans l'allée droite était facile, gênant ainsi la marche des autres véhicules plus rapides voulant le dépasser.

Malgré les gestes que je lui faisais de circuler à droite, et qu'il a aperçu, il a continué sa route en doublant les refuges, tantôt à gauche, sur un parcours d'environ deux cents mètres.

Interpellé, il m'a donné son état civil comme suit : Lenoir Paul, né le 2 avril 1915 à Pantin (Seine), demeurant dans ses meubles, 28, rue de l'Assomption (16$^{e}$). L'attelage appartient à la société Lucifer, 4, rue Danton (6$^{e}$). Le conducteur a été prévenu de la rédaction du présent rapport.

*Entrave*
*à la liberté*
*du travail*

A 6 heures, étant chargé de la surveillance des deux boulangeries situées rue La Bruyère, n° 2 et 28, j'ai vu un individu correctement vêtu s'arrêter devant la boulangerie Dupont, située au n° 2 de cette rue.

Cet homme se baissa et, par un soupirail, entra en conversation avec deux ouvriers qui se trouvaient dans le sous-sol.

Je me suis approché et j'ai entendu très distinctement reprocher aux deux ouvriers de travailler alors que la grève était déclarée.

L'un des ouvriers lui ayant répondu que son camarade et lui n'avaient rien à réclamer, qu'ils étaient très bien rétribués et contents de leur patron, il changea de ton et après les avoir traités de « faux frères » il ajouta : « Je vous connais tous deux et ce soir vous aurez de mes nouvelles. »

Je l'ai arrêté et conduit au poste.

Il a déclaré se nommer Dufour Jean, né le 2 mars 1900, à Nevers, ouvrier boulanger, demeurant en hôtel, 21, rue Blanche (9$^{e}$). Il a été mis au violon à votre disposition, après avoir reconnu les faits ci-dessus relatés et déclaré avoir agi sous la pression des dirigeants de son syndicat.

Dépôt : vingt francs à découvert, une montre métal blanc, une paire de bretelles, une ceinture en cuir noir, une paire de lacets et un mouchoir.

*Les agents de la circulation viennent prendre leurs consignes avant de gagner leur poste.*

### *Epanchement d'urine, outrages, rébellion*

Le gardien de la paix..., n° de collet..., consigne à la disposition de M. le Commissaire de Police du quartier, le nommé :

Sauvage Emilien-René, né le 14 mai 1924 à Paris (18e), de Louis et de feu Thouvenin Adèle, ébéniste, demeurant rue des Portes-Blanches, n° 4; arrêté à 23 h 10, rue Marcadet, en face du n° 36, dans les circonstances suivantes :

Passant à l'endroit précité, j'ai remarqué un individu urinant contre la porte cochère de l'immeuble portant le n° 30. Je l'ai invité à se rendre à l'urinoir qui se trouve à une trentaine de mètres de là; il m'a répondu : « Ta gueule! espèce de sale c..., ordure! » et a pris la fuite en direction de la rue des Poissonniers.

Rejoint une vingtaine de mètres plus loin, je l'ai arrêté et conduit au poste. Pendant le trajet, il m'a opposé une très vive résistance, cherchant à me faire lâcher prise par de nombreuses bousculades. En outre, il m'a frappé de plusieurs coups de pied aux jambes et d'un coup de tête dans le creux de l'estomac.

Ces coups n'ont pas laissé de traces et je ne cesse pas mon service.

A déposé : dix-huit francs à découvert, un col, une cravate et une paire de jarretelles.

### *Outrage public à la pudeur*

Je consigne au poste à votre disposition le nommé :

Simon Joseph-Henri, né le 14 mai 1893, à Nice (Alpes Maritimes), maître d'hôtel, demeurant rue de Gergovie, n° 14. Arrêté à 8 heures, boulevard Jourdan, en face du n° 48, dans les circonstances suivantes :

De service au carrefour Alésia-Montsouris, pour la traversée des enfants se rendant à l'école située 37, rue d'Alésia, j'ai été requis par les jeunes filles :

1° – Simonet Jeanne, 11 ans, demeurant chez ses parents, 12, rue de la Glacière;

2° – Tessandier Sandrine, 12 ans, demeurant chez ses parents, 3, rue Cabanis, qui m'ont fait la déclaration suivante :

« Il y a quelques minutes, alors que nous passions avenue du Parc-de-Montsouris, à proximité de l'urinoir situé à hauteur du numéro 24, nous avons été interpellées par un homme paraissant âgé de 35 à 40 ans, vêtu d'un pardessus gris, coiffé d'un chapeau mou de couleur noire, et portant des lunettes noires avec monture en écaille, qui se trouvait à l'intérieur de cet édicule. Nous nous sommes retournées et l'avons vu relever son pardessus et exhiber ses parties sexuelles. Nous nous sommes enfuies en criant et avons remarqué cet individu sortir de l'urinoir et s'engager dans la rue Gazan ». Elles ont ajouté : « Depuis quelques jours, nous sommes, ainsi que plusieurs de nos petites amies, interpellées par le même individu, qui nous offre des friandises que nous avons toujours refusées. »

Accompagné des deux fillettes, après avoir été remplacé par mon collègue Dubois je me suis rapidement dirigé vers la rue Gazan. Dès que nous nous sommes engagés dans cette voie, un homme qui stationnait sur le trottoir à une vingtaine de mètres de là, s'est enfui à toutes jambes vers le boulevard Jourdan. Je me suis mis à sa poursuite et je l'ai rejoint près de la porte d'Arcueil.

Interpellé et mis au courant des faits, il nia énergiquement mais, reconnu par les deux fillettes, et lui ayant demandé le motif pour lequel il s'était enfui à mon approche, il avoua être le coupable.

Conduit au poste, il a été écroué au violon à votre disposition.

Les deux fillettes ont été priées de se présenter à votre bureau à 9 heures, accompagnées de leurs parents

Dépôt : deux sachets de bonbons, un porte-monnaie contenant la somme de 34, 80 F, une paire de jarretelles, une ceinture en cuir.

A. Daboval
*Rapports de police municipale destinés au corps des gardiens de la paix*, 1943.

*La « descente de police », se pratique souvent en montant...*

# L'arrestation

*Dans l'argot de la police, se livrer à une arrestation se dit : « faire un crâne ». « Arrêter un beau mec » signifie qu'on a réussi à mettre la main sur un caïd (même s'il est affreusement laid...)*

*Le mythe de l'arrestation est très vivace dans le public, témoins ces « fonds photographiques » de foires des années trente.*

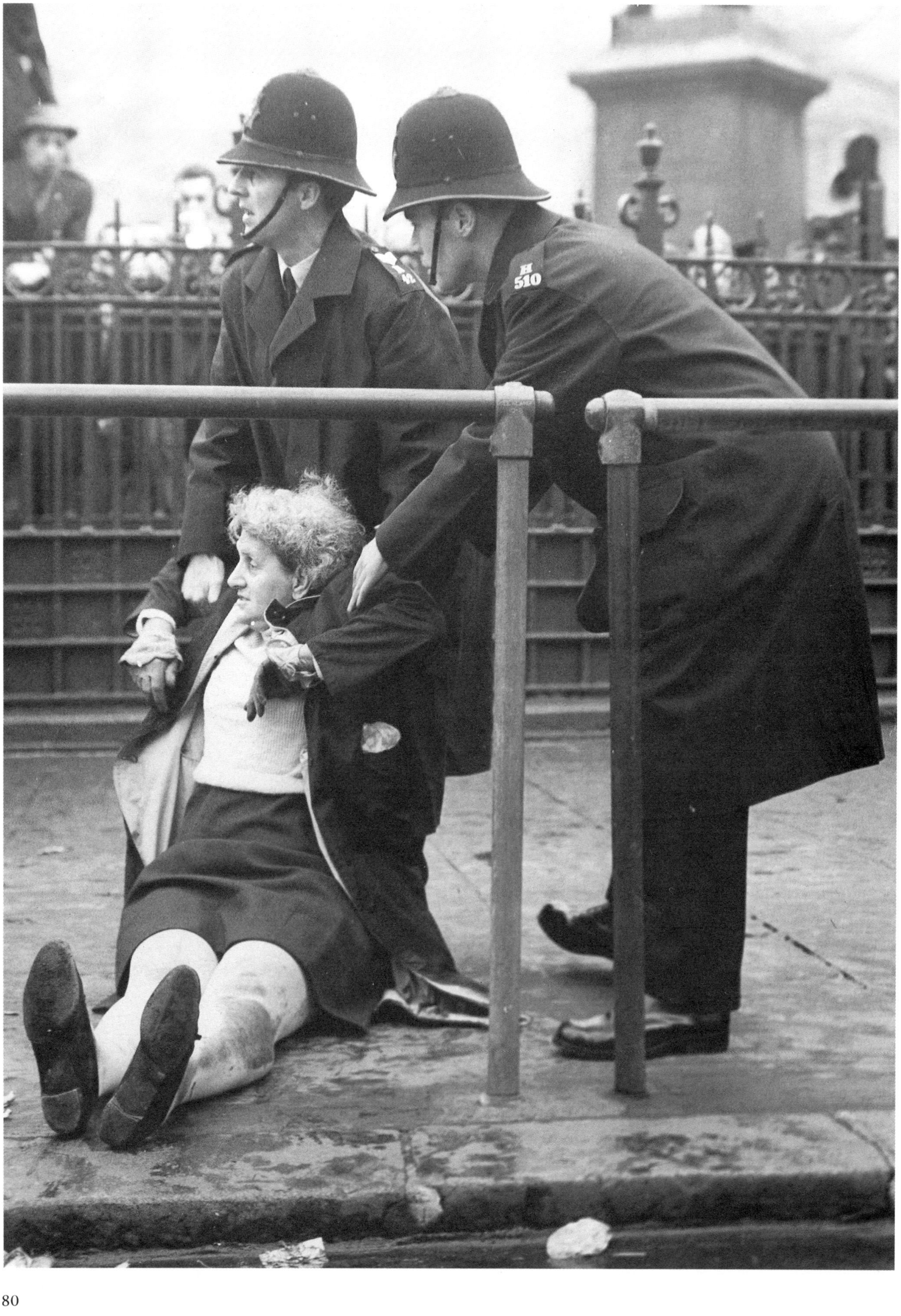
H
510

*Ci-contre :*
*Arrestation à l'américaine :*
*voici comment le policier*
*Watson, de l'Oklahoma,*
*emmène ses prisonniers.*

*Page de gauche :*
*Arrestation à l'anglaise.*
*Il est vrai qu'il s'agit là*
*d'une manifestation*
*pacifique...*

*Ci-dessous :*
*Lourdes chaînes*
*pour ces condamnés*
*texans, en 1935.*

*L'admirable coupe des manteaux pour femmes policiers en Grande-Bretagne, dans les années cinquante.*

# Les femmes policiers

*En 1935, sous l'œil narquois de leurs collègues, les trois premières femmes agents (baptisées « assistantes » pour ne pas choquer la gente masculine), posent pour les photographes. Noter leur uniforme sévère et leurs gants. Se doutent-elles que soixante ans plus tard, il y aura des femmes inspecteurs et commissaires et qu'elles pourront accéder aux plus hauts postes?*

# Déjà la vocation!...

# Et les détectives privés?

*Dans un petit opuscule publicitaire, sans doute distribué chez les commerçants et dans les salles d'attente des dentistes, le détective Henri Mirval, ancien combattant de la guerre de 14, décrit ses méthodes basées sur le flair, la discrétion et le doigté.*

### *Qu'est-ce que la police privée?*

C'EST UNE QUESTION QUE SE POSENT bien des gens accablés ou menacés, et que le mot « police » effraie ou rebute bien qu'il soit suivi d'un qualificatif adoucissant. Ils ont peur que des mains étrangères viennent fouiller ou salir leurs secrets les plus chers qui sont aussi parfois les plus cuisants. Ils craignent l'indiscrétion et ils préfèrent souffrir en silence et souvent aggraver leur situation plutôt que de recourir aux services d'un détective privé! Or, celui-ci, méconnu des profanes, n'est ni un mouchard ni un argousin. Nous le comparerions plus volontiers à un médecin ou à un confesseur, qui sans doute, s'entend à débrider les plaies morales, mais qui sait aussi les panser et souvent aussi les guérir. Ce qu'on lui confie est sacré et il ne s'occupe de l'affaire d'un client que dans le but unique de réussir, pour en oublier aussitôt après les éléments intimes (qui ne sont pour lui que des indications utiles).

Si la police privée n'existait pas, il faudrait l'inventer car elle répond à une nécessité sociale. Dans beaucoup de cas, on ne peut avoir recours à la police officielle, dont la haute mission n'est que de réprimer les délits et les crimes et qui s'en acquitte avec un zèle reconnu.

Il est certaines situations compliquées, à première vue inextricables, quelquefois même douloureusement tragiques, qui ne peuvent être débrouillées « qu'au privé » avec un doigté et une discrétion qui ne sont pas possibles si l'on emploie des moyens publics et légaux.

Certaines choses, qui se sentent, qui se devinent, qui se flairent, ressortent du domaine du détective privé qui, par induction et déduction, vous évite les malheurs les plus grands et les ennuis les plus graves.

Que ce soit une personne que vous recherchez, ou une confidence que vous voulez avoir, nos services sont les seuls véritablement précieux. S'il s'agit d'une jeune fille ou d'une femme à qui vous voulez lier votre vie, qui donc vous renseignera plus complètement et plus directement que lui? Qui vous dira la valeur réelle et intrinsèque du fonds de commerce que vous voulez acheter? C'est encore lui. Qui vous informera avec certitude sur un débiteur? C'est toujours lui. Qui vous montrera votre maîtresse dans la sincérité vraie de ses sentiments? Ce n'est pas évidemment la police officielle. Et ce n'est pas elle non plus qui proposera avec habileté ce constat dont vous avez besoin pour refaire votre vie.

Le détective doit être un homme d'expérience, adonné depuis de longues années à sa profession, qui fait d'elle une sorte de sacerdoce où il trouve plus de plaisir moral que de profit matériel. Certes, la vie de plus en plus chère et les moyens de plus en plus coûteux qui sont nécessaires à l'investigation, exigent

*La femme détective américaine Mary Shomley en visite à Londres en 1939. Elle ne se séparait jamais de son Browning.*

*Ci-contre :*
*L'uniforme passe-partout des parfaits détectives en 1937 : chapeau mou et impers couleur mastic.*

*Page de gauche :*
*Le lieutenant colonel J.F.C. Carter, un ancien de Scotland Yard.*

du client des frais assez élevés, mais il trouve chez cet homme un réconfort et un appui de premier ordre.

### *Si vous voulez surveiller quelqu'un*

La surveillance privée est un art qui demande deux qualités primordiales : une longue patience, qu'il vente, neige ou pleuve, et un doigté qui exige souvent l'invisibilité, le camouflage. Vous ne pouvez surveiller vous-même une personne dont vous êtes connu et qui vous reconnaitra sous tous les déguisements. Il vous faudra encore avoir recours au détective privé, ce Protée aux cent masques divers. Il suivra et surveillera, pour tous les motifs imaginables, depuis l'indélicatesse jusqu'à la fourberie, la personne que vous lui montrerez « de visu » ou par une bonne photo. Il la suivra pas à pas, lente si elle est lente, rapide, si elle court, en métro, en taxi, en camion, à bicyclette, en chemin de fer! Il saura ce que vous voulez savoir sur elle et même ce que vous ne voudrez pas savoir. C'est son rôle et sa fonction. Il risquera pour vous toutes sortes de dangers. Certes, cela se paie d'un assez bon prix, mais fort souvent, le résultat vous remboursera au centuple.

### *Enquête avant le mariage*

C'est, de toutes celles dont se charge le détective privé, la plus délicate et la plus complexe. Savoir exactement et profondément à quelle personne on va lier son existence, rien n'est plus important pour un futur mari ou une future épouse. C'est plus qu'un désir de curiosité, c'est un devoir essentiel.

La police privée a pour cela des agents discrets et distingués, capables de s'introduire dans tous les milieux sociaux, susceptibles d'évaluer une fortune, de trouver les origines et les antécédents d'une famille, de pénétrer les caractères, de s'informer sur les relations occultes, de jauger la moralité, de découvrir les dettes et les vices, de donner, en un mot, le portrait ressemblant d'un futur conjoint.

Il est inutile de conclure qu'il faut ici beaucoup de discrétion, qu'un gant de velours doit revêtir la main de fer qui étreint le vice, qu'on doit oublier, aussitôt dites, les confidences reçues et qu'on ne doit agir que sur ordre formel du client. C'est là une preuve que la profession de détective est toute d'intuition, de déduction, de finesse native.

HENRY MIRVAL, DÉTECTIVE
*Manuel de police privée.*
En vente chez l'auteur, 1920.

# L'arme du détective privé est la fausse barbe

*Cet extrait provenant d'un ouvrage traduit de l'anglais chante les louanges du détective privé. En Europe, à tort ou à raison, les représentants de cette profession ont toujours éveillé une certaine méfiance.*

La race anglo-saxonne, pratique avant tout, a bien vite compris l'intérêt des *détectives amateurs*. En Amérique, les résultats qu'ils obtiennent sont remarquables. Ils dépassent de cent coudées leurs confrères de France et d'Allemagne. Il est évident que des policiers officiels n'apporteront jamais dans une affaire la célérité, la mobilité et surtout la passion qu'y mettra celui qui a choisi de plein gré cette profession. Il va de soi que des petits fonctionnaires n'auront jamais les ambitions d'un détective célèbre. L'employé est fatigué par les tracas quotidiens de son service et il ne peut avoir, dans les cas difficiles, l'énergie suffisante. Les Américains, avec leur sens pratique très développé et leur flair pour les idées neuves, l'ont compris depuis longtemps. Nulle doute que les Européens, toujours en retard sur les Américains pour les choses pratiques vont bientôt s'y mettre.

Il existe un institut célèbre : l'Agence nationale de détectives de Chicago, dirigée par Pinkerton. Il a démontré l'absolue nécessité de l'emploi multiple du détective intelligent et moderne.

Les *Pinkerton*, c'est le surnom qu'on leur donne, remplissent les missions les plus délicates, les plus difficiles, et les plus dangereuses. Ils ont combattu des ouvriers en grève, ils ont protégé une usine. Pinkerton en personne a transporté une grosse somme d'argent de Chicago à San Francisco. Il s'était simplement déguisé en paysan et avait glissé l'argent dans sa blouse. Des bandits, comme on le prévoyait d'ailleurs, attaquèrent le train, sans songer à aller chercher l'argent là où il était réellement.

Dans les autres pays, les bureaux de détectives ont joué jusqu'à présent un rôle très mondain. Le formalisme étroit de la vieille Europe ne leur laisse aucune occasion de se manifester. La plupart doivent se contenter de questions de mariages, de recherches de renseignements, d'enquêtes juridiques, etc. Cependant, notre style de vie se rapproche de plus en plus du style américain. Je pense que la carrière de détective privé va prendre un essor formidable. Mon but dans ce livre, est de donner, d'après mon expérience personnelle, un aperçu des aptitudes que doit avoir un détective accompli pour obtenir de bons résultats.

L'arme d'un détective, c'est son cerveau : Cela ne veut pas dire que la force physique, l'adresse et la souplesse n'aient pas de l'importance pour un homme qui court chaque jour des dangers variés.

Si l'apprenti détective est peu musclé, il peut faire usage du *baritsu* ou *jiu-jitsu* japonais. C'est une lutte de ruse, fort brutale du reste. Les trucs et les feintes y sont surtout employés. On peut saisir l'adversaire par « tous les bouts », et le frapper aux endroits les plus sensibles. On lui désarticule les doigts, les

*Il était formellement déconseillé aux détectives privés de se laisser pousser la barbe car cela les aurait empêché de porter des postiches.*

*Cette courageuse Américaine qui louait ses services à une banque est parvenue à arrêter deux malfaiteurs qui rançonnaient les clients de l'établissement. Le calibre de son pistolet semble pourtant très modeste...*

mains ou les bras, on lui passe des crocs-en jambes.

Il est utile de ne pas oublier non plus la gymnastique appliquée et en particulier, l'escalade des murs, des talus à pic, si utile dans les poursuites. Le canotage, le yachting, les éléments essentiels de l'automobilisme, ne sont point à négliger. Le détective doit être partout le maître de la situation.

Le détective ne doit faire usage de ses armes que dans la plus absolue nécessité.

Jamais il ne faut tirer sur un fuyard, car une blessure faite par derrière condamne le détective qui ne doit tirer qu'en cas de légitime défense.

Le sang-froid, une main calme, un œil vif sont indispensables. Une bonne arme ne l'est pas moins. Je recommande tout particulièrement les excellents revolvers américains Smith et Wesson, ou le revolver Colt. Ce sont des armes simples, précises, d'un entretien facile, d'une sûreté absolue, toujours prêtes au tir. Qu'on se méfie des imitations allemandes. Elles sont bien meilleur marché, mais ne valent absolument rien. Ce n'est pas le même mécanisme, ou les mêmes matières premières. Je ne saurais trop mettre en garde le détective contre ce qu'on appelle les pistolets à répétition. Ces armes aux mécanismes d'une complication inouïe, aux formes massives, à l'usage très délicat, n'ont d'utilité que lorsqu'on les porte armées. L'expérience m'a démontré que le mécanisme de sûreté dont elles sont munies est purement illusoire. On oublie facilement une cartouche dans le canon ou le magasin. Un négociant de la rue de la Paix, à Paris, montrait à un de ses amis un pistolet à répétition. L'arme partit et l'ami tomba, mortellement atteint.

Quelques jours plus tard, un sergent de ville périt dans les mêmes circonstances. Et à la prison de la Santé, un surveillant tuait un visiteur auquel il faisait examiner le fonctionnement compliqué de son arme..

Le Smith et Wesson et le Colt sont instantanément prêts à tirer. On peut les porter tout armés en poche. C'est très important pour un détective, car le vainqueur dans un combat, est presque toujours celui qui peut tirer le premier.

Une arme excellente en chêne ou en caoutchouc garni de plomb à l'intérieur, qui opère sans bruit et très puissament est le casse-tête des policemen. Un coup bien appliqué sur le crâne avec cet instrument met l'adversaire hors de combat, sans le blesser grièvement. C'est une arme de poursuite, circonstance où, comme on a dit, il est interdit de tirer.

Au point de vue du déguisement, pour gagner la confiance des coquins, il est inutile de sortir avec des vêtements déchirés. Mes expériences personnelles m'ont appris qu'un vêtement bon marché et usé, du linge pas trop propre, un vieux chapeau, de vieilles et larges bottes suffisent pour donner une allure de déclassé. Le détective ne peut se permettre de porter la barbe, pour la bonne raison que c'est un des meilleurs moyens de cacher les traits de son visage. L'importance de la barbe pour l'expression de la physionomie est phénoménale. Voilà pourquoi les fausses barbes jouent un rôle capital dans les filatures. Il faut s'adresser à un perruquier adroit, et surtout ne pas lésiner sur cet article car l'économie pourrait vous coûter très cher. Il faut s'habituer aussi à changer de barbe et de tenue aussi vite que possible.

RALPH MORTON
*Comment on devient détective.*
La Nouvelle Populaire, 1909.

*1949 : tests, à l'entrée des Champs-Elysées, pour vérifier que la tenue de l'agent est bien visible la nuit.*

# LA CIRCULATION

*Mme Decourcelle, une des premières conductrices de taxi. D'après la photo, les pannes ne lui font pas peur.*

# Les chauffeurs de taxi se fichent du monde

*De tous temps les habitants de la capitale se sont plaint des cochers de fiacre et des chauffeurs de taxi. Deux journalistes envoient à ce sujet une lettre ouverte au préfet.*

*Ci-dessous : Démonstration de changement de chambre à air, au Bois. Noter la tenue chic et confortable de Mme Decourcelle. Le véhicule n'a pas de pare-brise.*

*Monsieur le Préfet,*

L'HIVER 1909-1910 a été marqué à Paris par divers fléaux. Nous avons eu d'abord, deux épidémies : la variole noire et la méningite cérébro-spinale; ensuite nous avons eu quatre mois de pluie continuelle, enfin – et pour bien des gens cette calamité n'a pas été la moindre – l'arrogance des cochers et chauffeurs n'a plus connu de bornes.

Souffrez, monsieur le Préfet, que nous vous retracions quelques-unes des mésaventures qui assaillent ceux des habitants de Paris que leur mauvaise étoile contraint à s'adresser à un chauffeur ou à un cocher. Tout d'abord, nous citerons pour mémoire l'histoire, que vous avez dû lire dans le *Figaro*, de cet imprudent qui, se trouvant à la porte Maillot, voulut se faire conduire par une voiture de place aux Champs-Elysées. Il héla un cocher qui passait et celui-ci vint ranger son attelage au long du trottoir. Puis, ayant ouï la destination de son client, il laissa tomber ces simples mots :

– C'est trois francs !

Or, nous nous permettrons de vous rappeler, monsieur le Préfet, que, en accord avec les compagnies, vous avez décidé que les voitures de place seraient munies d'un compteur dit « taximètre ». Vous avez même enjoint que soit placée, bien en vue, à l'intérieur desdites voitures, une petite étiquette blanche sur l'émail de laquelle on lit : « En aucun cas, le voyageur ne doit payer une somme supérieure à celle qui est inscrite au compteur. » Dans le cas qui nous occupe, la somme à payer n'eût pas dépassé un franc et quinze centimes.

Quoi qu'il en soit, le quidam en question, se croyant fort de son droit, sauta dans la voiture et signifia à son conducteur qu'il entendait être véhiculé au tarif établi par vos ordonnances.

– Ah! s'écria le cocher, vous voulez discuter? Eh bien, je vais vous mener à Saint-Cloud.

Et d'un violent coup de fouet il cingla les flancs de sa bête qui s'engouffra en trombe dans l'avenue de Neuilly. Ce fut pendant quelques minutes une chevauchée épique qui fit la surprise et l'admiration des habitants.

*Quand il pleut, les cochers se refusent à marcher si vous refusez d'accepter leurs conditions draconiennes*

*Si vous voulez faire constater par un agent qu'un chauffeur vous demande dix francs en plus du prix marqué, celui-ci vous répond : « Il faut bien gagner sa vie ! »*

Mais le cocher avait compté sans la prévoyance des compagnies qui ont la sagesse de n'atteler à leurs voitures que des bêtes incapables de se livrer à des excès prolongés : bientôt l'animal faiblit et son énergique conducteur dut, penaud, ramener son client dans Paris…

Touchant encore la question du prix du transport, voici une autre anecdote, qui vous intéresse plus directement. Un de nos amis voulait aller, pour une affaire de toute urgence, depuis la place de l'Opéra jusqu'au bout du pont des Saints-Pères. Notre ami était pressé et il pleuvait à torrents. Il sauta dans une automobile munie d'un taximètre qui s'était arrêtée à son appel, mais après l'énoncé du but de son voyage, qui n'eût rapporté qu'un franc cinq au chauffeur, celui-ci émit, à l'instar du cocher dont nous venons de vous entretenir, la prétention de percevoir une somme de trois francs, et cela avant le départ. Par bonheur et aussi par le plus grand des hasards, un de vos agents, superbe dans son uniforme, se tenait à proximité de l'endroit où avait lieu la discussion. Notre ami le mit au fait du problème. Voici la réponse qu'il reçut :

– Il a raison, ce chauffeur! Il faut bien qu'il gagne sa vie!

Notre ami est un homme fort doux mais il est en même temps très énergique. Prenant son ton le plus aimable, il dit au représentant de l'autorité :

– Bien, monsieur l'agent, si vous le dites, ce doit être vrai. Je vais donc sous vos yeux, verser entre les mains de cet homme la somme de trois francs. Mais j'ose espérer que vous ne me refuserez pas la faveur d'en établir, par écrit, la constatation. Au surplus, je relève sur mon carnet votre numéro afin de vous faire parvenir mes remerciements s'il y a lieu.

L'agent consentit alors à sortir un calepin de sa poche et fit la constatation requise.

Enfin laissez-nous vous dire que la maraude augmente dans de telles proportions que les rues sont envahies par un flot ininterrompu de voitures, alors que les stations sont vides.

*Le Monde Illustré*
10 mai 1911.

# Les Parisiens stupéfaits découvrent le bâton blanc

*Son apparition sur la voie publique en 1896, est très remarquée. Trois courts articles montrent son évolution. (le jujube est tout simplement le sucre d'orge des enfants).*

Nous avons annoncé, il y a quelque temps, que les gardiens de la paix de la brigade des voitures allaient être munis d'un bâton. Ce bâton a été inauguré hier partiellement; vingt gardiens du service seulement en avaient été munis et l'ont arboré.

Cette inauguration a pris les proportions d'un évènement et tout l'après-midi, aux carrefours encombrés des boulevards, l'encombrement a été plus grand, car les bons Parisiens voulaient voir le bâton et surtout observer la façon dont il était manié.

Cette « réforme » a obtenu un succès de douce gaîté; ce bâton blanc, petit, a l'air d'un sucre d'orge un peu fort et déjà, hier soir, avec la rapidité que met la blague parisienne à se répandre, on ne parlait que du « jujube » des sergots.

Les malheureux agents de la circulation avaient l'air honteux et penauds avec ce joujou à la main, d'autant plus que le bâton est accompagné d'une gaine et que celle-ci remplace le sabre.

On n'avait pas fait de théorie pour le maniement du bâton, cela se voyait. Les agents ne savaient trop comment s'en servir, et l'agitaient en l'air, en travers, avec une gaucherie qui faisait la joie du public.

Bref, on s'est amusé ferme aux dépens des infortunés sergots, qui auraient bien envoyé le fameux bâton à tous les diables.

Ce signal ne répond à rien. Il ne se voit pas de loin, d'abord parce qu'il est trop petit, et ensuite parce que sa couleur blanche ne tranche pas assez.

D'autre part, il a l'inconvénient d'embarrasser l'agent, qui ne peut plus maintenant prendre par la bride les chevaux que les cochers ne veulent ou ne peuvent retenir.

Enfin, les agents placés aux carrefours doivent avoir les mains libres, car souvent ils ont à retenir les gens inexpérimentés ou affolés, qui vont se jeter sous les pieds des chevaux.

Les journaux qui chantent les louanges de la préfecture depuis deux mois ne tarissent pas de remarques élogieuses sur cette réforme qui devait bouleverser le système de circulation des voitures. On pouvait les croire, mais depuis hier, on a pu juger cette innovation. C'est un peu comme les bâtons dont parle La Fontaine : de loin, vu à travers les notes officielles, on pouvait croire que c'était quelque chose, mais hélas! lorsqu'on les voit de près, on s'aperçoit que ce n'est rien.

*Le Radical*
24 juillet 1896.

*En 1965, le préfet Dubois a l'idée de faire assurer la protection des enfants à la sortie de l'école par les écoliers eux-mêmes. On les surnomme aussitôt : « les agents-biberons ». Accueil très mitigé du côté des parents.*

*Pages suivantes : Encore des essais de visibilité, mais cette fois vers la Porte de la Chapelle. Une ambiance à la Marcel Carné.*

C'EST FAIT! La journée du 22 juillet 1896 a été choisie par le préfet de police pour l'inauguration du nouvel accessoire qui doit permettre aux agents de la brigade spéciale d'assurer une circulation meilleure des voitures et une sécurité plus grande aux piétons. Depuis ce matin le bâton blanc à banderolle bleue, avec ces mots : « brigade des voitures », a fait son apparition sur les boulevards aux mains des agents affectés au service de la voie publique. Le bâton de M. Lépine a obtenu dès son début un grand succès de curiosité, mais il semble devoir en obtenir un autre, beaucoup plus durable.

Nous avons constaté, en effet, qu'il était visible d'assez loin, et que les cochers, bien qu'un peu gouailleurs, obéissaient immédiatement à l'ordre transmis par cet instrument de s'arrêter ou de reprendre la marche.

Pour arrêter les voitures et laisser passer les piétons, les agents lèvent le bâton, et le tiennent verticalement. Pour indiquer que la voie est redevenue libre, ils lui impriment un mouvement d'arrière en avant.

Au repos, le bâton se place dans un fourreau cylindrique, accroché au ceinturon à la place du sabre baïonnette que les agents des voitures ne portent plus.

*Le Journal*
23 juillet 1896.

*Démonstration du maniement du bâton sur le toit de la préfecture, devant des officiels.*

LE BATON LÉPINE a vécu ce que vivent les roses. Les braves serjots des carrefours et refuges se promènent les mains vides comme avant, et ils objurguent les cochers du bout des doigts.

Qu'est il advenu? La Presse avait pourtant fait bon acceuil à ce petit joujou vernis écussonné aux couleurs de la Ville. Il avait eu son petit succès de première.

Il y a là un mystère dont la préfecture nous donnera peut-être un jour la clef.

En attendant, faisons une constatation navrante de plus : les nouveaux règlements relatifs à la circulation n'ont pas plus de succès que ledit bâton. Tout le monde a pu remarquer les panneaux bleus fixés aux candélabres des grands carrefours, portant la recommandation : « Marcher au pas ».

Eh! bien, observez les voitures qui marchent au grand trot. Pas une seule ne ralentit son allure; au contraire, il en est qui accélèrent par bravade, sous l'œil paterne des serjots, veufs de tout bâton..

Il n'y a plus à se le dissimuler; Paris restera l'enfer des chevaux, des cyclistes, voire des piétons, quand même les rues et les boulevards, et jusqu'aux plus humbles venelles, seraient pavés des bonnes intentions de M. Lépine.

*Le Journal*
25 août 1896.

M. Lépine, voici bientôt dix ans, donna aux gardiens de la paix chargés de veiller sur la circulation des voitures, le bâton blanc, et l'on s'en trouva bien.

Après un règne incontesté, le bâton blanc va disparaître, ou plutôt va être modifié. Ainsi en a décidé M. Raux, notre nouveau préfet de police. Celui-ci estime que la forme cylindrique du bâton n'est pas adéquate à sa fonction, et le nouveau sceptre du pavé sera plat comme la batte d'Arlequin. Cependant, ce sabre de bois n'a rien de menaçant. On lui a donné une forme plate pour pouvoir y enchâsser de petits disques brillants qui refléteront la lumière et rendront le signal plus visible. Ce sabre de bois sera en quelque sorte flamboyant, et nos braves agents, lorsqu'ils brandiront leur bâton, auront un peu l'allure de Saint-Michel!

Ce n'est pas tout. M. Raux a aussi décidé que les gardiens des carrefours seraient équipés d'un large disque muni d'une poignée de cuir. Ce disque, qui sera brillant, reflètera la lumière et se distinguera d'assez loin.

Avec ce bouclier et ce glaive, nos gardiens de la paix pourront désormais livrer combat aux autos les plus féroces...

*Le Journal*
19 juin 1918.

*Page de gauche :*
*Même l'éléphant obéit au bâton blanc...*

*Ci-dessous :*
*Essais du bâton lumineux. En 1949, la sécurité des agents de la circulation est un problème : 3 760 d'entre eux ont été blessés par des voitures ou des deux roues (il y avait alors des agents à presque tous les carrefours, les feux étant encore rares). Le bâton lumineux sera vite abandonné et l'on reviendra aux crispins de celluloïd et au manchon de képi en toile blanche.*

# Une célébrité : l'agent Leclerc de la porte Saint-Denis

*Rémy Leclerc était l'aîné d'une famille de 15 enfants. Il commença à travailler à 9 ans, 13 heures par jour, dans une usine de papier, pour un salaire... d'un franc.*

*Avec sa barbe de 50 centimètres, il est l'attraction du quartier où il règle la circulation. Les commerçants éditent même des gadgets (calendriers, cartes postales, etc.) à son effigie. En 1933, il est décoré, sur son lieu de travail, par un représentant du bey de Tunis...*

*Ci-dessous : L'agent Leclerc dans son domaine de la Porte Saint-Denis. Ses amis les clowns Fratellini venaient souvent le taquiner pendant l'exercice de ses fonctions... En 1928, il fut renversé par un camion de blanchisserie.*

*Ci-dessus : Peintre amateur, l'agent est félicité lors d'une exposition par le préfet Langeron et Madame.*

*Page de gauche : L'agent Leclerc était célèbre jusqu'en Amérique. Les commerçants du quartier vendaient des objets à son effigie : cartes postales, gommes, crayons, etc. On l'appelait parfois : « le Vercingétorix des boulevards ».*

Sa Majesté le bey de Tunis vient d'accorder la croix de chevalier du Nicham Iftikar à l'agent barbu de la porte Saint-Denis.

Cet évènement, éminemment parisien et suprêmement tunisien s'est concrétisé dans une cérémonie d'une touchante simplicité qui s'est déroulée hier soir, au milieu d'un enthousiasme extraordinaire, au pied de la porte Saint-Denis.

Une auto s'était arrêtée vers 4 heures devant l'agent barbu.

– Circulez! ordonna le populaire détenteur de la plus belle barbe bifurquée de Paris.

– Non monsieur l'agent, je ne circulerai pas. J'ai à vous parler! protesta l'automobiliste.

– Circulez, monsieur!

– Ecoutez-moi, M. Leclerc!

A l'appel de son patronyme, le sympathique agent tendit l'oreille.

– Au nom du bey de Tunis, dit le conducteur jailli jusqu'à mi-corps par la portière de sa voiture, au nom du bey de Tunis et de la résidence générale de la Tunisie, je vous fait chevalier du Nicham Iftikar!

Il attira l'agent Leclerc contre lui et lui donna l'accolade de chaque côté du magnifique ornement pileux.

– Mais quel honneur! A quoi et à qui dois-je cet excès de dignité? s'exclama dès qu'il eut retrouvé la force de parler l'agent Leclerc, remué jusqu'aux entrailles.

– Tunis vous connait et envie Paris de vous posséder! répondit le délégué du bey. Ah! si nous avions un agent de la circulation comme vous, il ne nous manquerait plus qu'une porte Saint-Denis pour nous croire à Paris!

Ce disant, le décorant remit au décoré le diplôme de sa dignité et épingla sur sa tunique la médaille au ruban vert et rouge.

Cependant, un embarras formidable s'était produit autour de cette scène émouvante et beaucoup de conducteurs étaient tout près de l'attendrissement.

L'embouteillage était pourtant tel que le délégué du bey crut qu'il ne pourrait jamais se séparer du nouveau chevalier.

En proie à une émotion extraordinaire, celui-ci dispersa l'embouteillage en trois coups de bâton blanc qui tenaient du génie.

Le commissariat du 10e arrondissement s'est trouvé à la suite de cet évènement porté à un degré de liesse encore jamais atteint.

*L'Intransigeant*
25 janvier 1933.

# Police montée, le rapport officiel

*Après la visite à Londres d'un haut fonctionnaire, émerveillé par la police montée anglaise, une brigade de douze gardiens de la paix à cheval voit le jour à Paris, en 1922. Ils sont chargés de faire la circulation.*

L'UTILISATION DE LA POLICE montée dans les carrefours pour canaliser les voitures, présente beaucoup plus d'inconvénients que d'avantages.

1) – Inconvénients :

Les coupures en général, sont plus mal faites par le cavalier que par l'agent à pied car l'homme à cheval hésitera à lancer sa monture entre les voitures, alors que l'agent désigne simplement un conducteur avec son bâton, et celui-ci s'arrête.

Le cavalier doit se déplacer pour aller barrer la rue transversale et a beaucoup de mal à maintenir cette voie coupée. D'autant que la distance qui le sépare des premiers véhicules est parfois trop grande et les conducteurs ne comprennent pas les signaux.

Dès que le cavalier se déplace, la première file de voitures est toujours tentée d'avancer. L'homme à cheval est gêné par les piétons. Il ne peut stopper un flot de voitures qui s'échappent et vont alors causer un embarras en plein milieu du carrefour...

En cas de grande circulation, le cavalier a beaucoup de mal à barrer une rue, derrière le refuge. Je dirai même que c'est impossible dans certains carrefours.

L'utilisation du cavalier comme chef de carrefour a un autre inconvénient : si ce dernier veut avoir une bonne vue pour surveiller les deux voies transversales, il doit se tenir en avant des refuges. Il devient alors très gênant pour les piétons et pour les véhicules qui veulent faire demi-tour.

Les piétons ont peur du cheval qui n'est pas toujours calme. Il s'énerve de l'inaction car il n'est pas fait pour rester immobile. Il se fatigue beaucoup plus que s'il marchait pendant cinq heures.

Nous avons constaté que lorsque le cheval a fait deux heures et demi de planton, il faut beaucoup de jambes pour le faire déplacer et si le cavalier veut activer le déplacement avec l'éperon, il risque de faire tomber sa monture.

2) – Avantages :

Le cavalier est vu de plus loin et il voit de plus loin. Il peut agir en fonction de la circulation.

Le piéton qui traverse se sent plus en sécurité qu'avec un simple agent à pied car l'obstacle qui le sépare des voitures (le cheval), est plus gros.

*Préfecture de Police*
Paris, 1922.

*En Angleterre, les chevaux de la police montée sont dressés à ne pas avoir peur du bruit et de la circulation, ce qui ne va pas sans quelques écarts...*

*Ci-contre :*
*Le soir tombe place de l'Opéra.*

*Page de gauche :*
*L'agent de la police montée, place de l'Opéra. C'étaient d'anciens cavaliers de l'armée. Immobiles, les chevaux se fatiguaient très vite. Ici, une jeune fille tend au policier un bouquet du 1er mai.*

*Ci-dessous :*
*L'agent à cheval surveille un flot de circulation qu'il lui est parfois bien difficile de maîtriser.*

MUR

# Une révolte contre les « sens unique »

*Le premier fut instauré par le préfet Lépine en 1907, rue de Rome. Ce fut un tollé général. Mais ce n'était rien à côté de la révolution causée par le sens unique décrété en 1951 sur les grands boulevards.*

Le directeur d'un grand cinéma du boulevard Poissonnière – qui affichait un nouveau film – a fait des recettes sensiblement inférieures à celles qu'il escomptait. Il estime à 10 % – au minimum – son « manque » à gagner.

Tel tailleur évalue le sien à 30 %. Un maroquinier se plaint de n'avoir jamais vu arriver le client qui lui avait téléphoné pour lui passer une commande.

– Il venait de l'Opéra, en voiture, nous dit-il. Au carrefour Richelieu-Drouot, il s'est trouvé devant les panneaux « sens interdit ». L'agent a dû l'expédier vers la rue de Richelieu et la rue du 4 Septembre. Là, il s'est perdu dans l'enchevêtrement des « sens uniques », et il a dû renoncer. Sans doute a-t-il filé jusqu'à la rue de Rivoli, et de là, aux Champs-Elysées. Il y a sûrement trouvé ce qu'il cherchait dans un autre magasin. En tout cas, moi, je ne l'ai jamais revu.

Les hôteliers se plaignent aussi. Leur clientèle se compose en majeure partie de provinciaux, gros commerçants, industriels, hommes d'affaires, qui voyagent en voiture. La nouvelle réglementation de la circulation dans le quartier a été pour eux un tel casse-tête que, bouclant leurs valises, nombre d'entre eux sont allés loger ailleurs. Même son de cloche dans les cafés, restaurants, brasseries. Encore la plupart des établissements, sur les boulevards, se trouvent-ils sur le trottoir de droite, en venant de la porte Saint-Denis, c'est-à-dire sur la rive où sont le plus normalement disposés à accoster les automobilistes qui suivent le « sens unique ». Leurs recettes n'en n'ont pas moins accusé un sensible fléchissement, ce qui est compréhensible, puisque leurs clients ne viennent pas tous, obligatoirement, de l'est de Paris.

Bien entendu, les commerçants ont institué un comité de défense et ont fait circuler le long des boulevards un registre de pétitions qui |– un constat d'huissier en fait foi – s'est déjà revêtu de quelque 150 signatures.

– Nous en aurons 2000, ajoute le comité, quand nous l'aurons fait circuler aussi dans les rues adjacentes dont le commerce n'a pas été moins touché que celui des boulevards par la mise en application des nouveaux « sens uniques ».

Le comité doit avoir une nouvelle entrevue, le 12 septembre, avec les services de la circulation. Si un accord n'intervient pas, il compte demander à ses adhérents de fermer leurs portes pendant 48 heures. Cette grève s'accompagnerait, la nuit, d'une extinction des vitrines et des enseignes lumineuse. qui modifierait évidemment assez tristement la physionomie des grands boulevards. Les commerçants sont parfaitement fondés à défendre leurs chiffres d'affaires. Ils paient de lourds impôts. Ils ont leur mot à dire sur les mesures qui sont prises dans leur quartier.

*L'Aurore*
10 septembre 1951.

*En 1951, l'exemple très probant de la rue Réaumur (ci-contre), incite la Direction de la circulation à mettre les grands boulevards en sens unique… Ce qui provoque aussitôt une levée de boucliers chez les commerçants…*

*Pages suivantes : Un aspect oublié de la capitale : dans les années cinquante, la ville se vidait complètement pendant le mois d'août. Ici, l'angle du boulevard des Italiens et de la rue de la Chaussée d'Antin.*

MOUNT
HOWARD
ANGEL
2
CAFE
BIARD.
CAFE
BIARD
ORBIS

CINÉ
MONDE

# New-York, Rome...

*En matière de circulation, chaque pays, chaque ville a ses recettes, ses trouvailles et ses coutumes : en 1937, les Américains inventent le parcmètre. A Rome, à Noël, les agents postés aux carrefours-clés de la ville, reçoivent traditionnellement des cadeaux des « habitués ».*

*Le 1er juin 1937, les New-Yorkais sont très surpris de découvrir sur un trottoir, de curieux poteaux. En effet, la police municipale teste (pour 4 mois), les premiers parcmètres. Tarif : 5 cents de l'heure. Aussitôt les commerçants font signer une pétition pour interdire ces appareils.*

*Ce jour-là, paraît-il, les contraventions ne pleuvaient pas...*

*Page de gauche :
A l'autrichienne...
Un dernier coup
de chiffon avant
de prendre le service
de nuit. Noter la radio
portable et la lampe torche.*

*Ci-contre :
Essai de képi lumineux
en 1931. Aucun intérêt.
Visibilité nulle. De plus,
la batterie est très lourde.*

*Ci-contre :*
*Première démonstration d'un appareil qui fera le tour du monde : l'alcoomètre. On est en 1948. A droite, son inventeur, le Dr Léon Greenberg, de l'Université de Yale.*

*Page de gauche :*
*La tenue d'été des policiers d'Atlantic City (New-Jersey), en 1935.*

*Ci-dessous :*
*Leçon de conduite par simulateur dans les rues de New-York, en 1936. L'appareil mesure les temps de réflexe des conducteurs devant l'apparition des feux.*

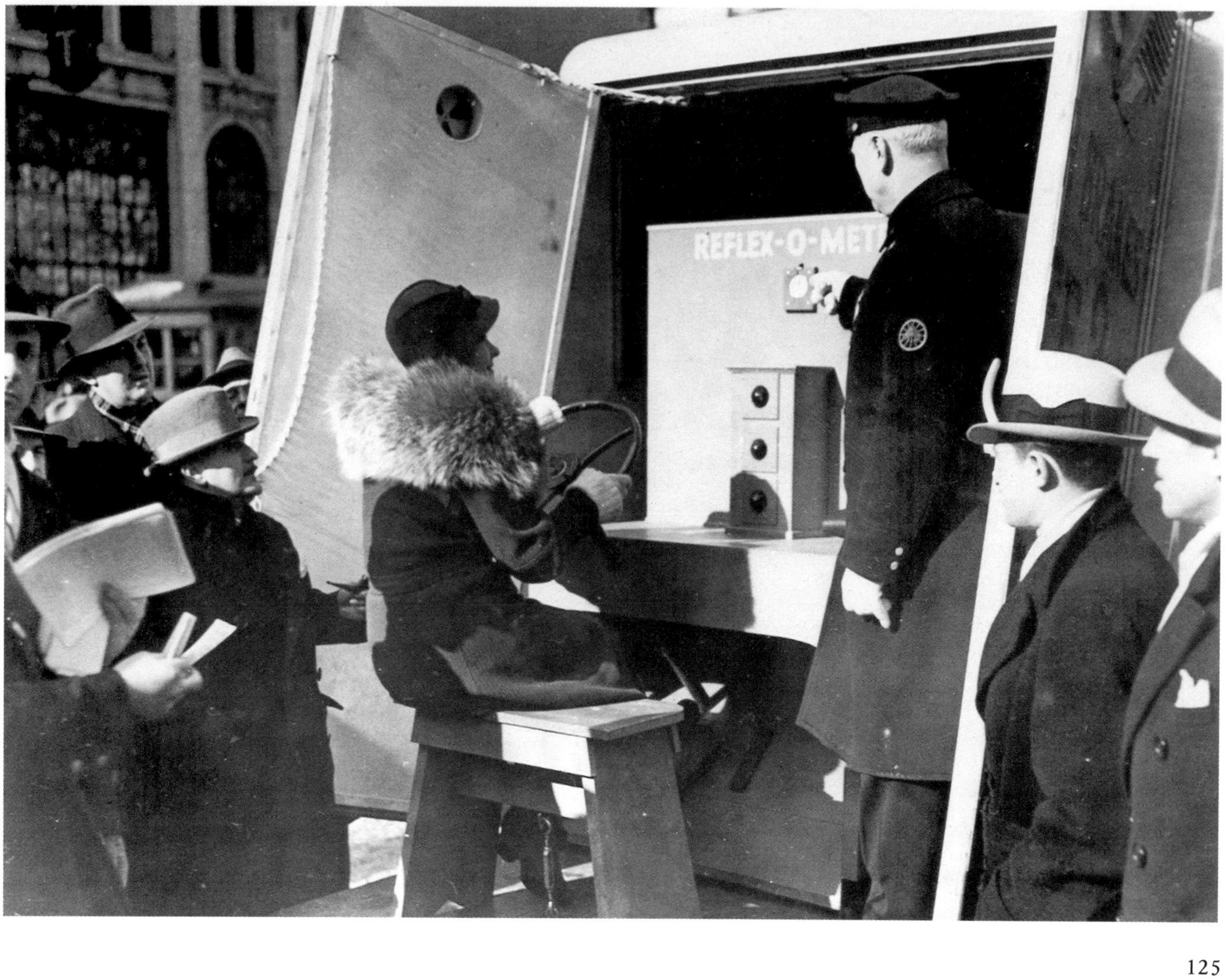

# Circulez!... Le pourrez-vous demain?

*En 1954, dans un ouvrage au titre évocateur, le responsable de la circulation parisienne, Georges Maurice annonce, avec quarante ans d'avance, les mesures actuelles concernant les conducteurs et leurs véhicules.*

### *Le carnet de contraventions*

Les rares conducteurs qui eurent, durant les sombres années 1940-1944, le privilège de conduire un véhicule se souviennent d'une invention – jugée diabolique à l'époque et pourtant antérieure à la guerre – consistant à adjoindre à leur permis de conduire un feuillet contenant des cases, sur lesquelles les agents devaient inscrire les contraventions constatées. Ce système fut combattu avec véhémence car l'époque était particulièrement mal choisie pour l'appliquer.

Une autre objection, moins grave, était soulevée : tous les agents ne sont pas des calligraphes et, parfois, des écritures disgracieuses, parfois illisibles, s'étalaient dans les cases.

Enfin, le feuillet étant fixé au permis de conduire par deux attaches métalliques peu solides, il était facile au Parisien, né malin, de déclarer sa perte lorsque trop de contraventions y étaient inscrites.

Cependant, au prix de quelques perfectionnements, c'est, à notre avis, le seul moyen efficace pour amener les mauvais conducteurs à modifier leur comportement.

### *Les parkings souterrains*

Dès 1926, l'idée avait pris corps et un concours avait été organisé par les soins du Conseil municipal. La nécessité, à ce moment déjà, apparaissait évidente. Elle est aujourd'hui devenue obligation impérieuse, et le temps est venu de passer à l'exécution sans autre retard. Les milliards nécessaires peuvent être trouvés. Si la solution des taxes locales se heurte à quelque difficulté, restent encore les finances du secteur privé, car les garages souterrains ne doivent pas, s'ils sont bien gérés, constituer une charge pour la collectivité. Bien au contraire, leur rentabilité peut être envisagée.

La question des emplacements n'est pas un obstacle majeur, puisque nous voyons chaque jour, à propos de tel travail effectué sous la chaussée, procéder sans difficulté apparente à des transformations d'importants dispositifs souterrains.

Georges Maurice
*Circulez !... Le pourrez-vous demain?*
Editions André Martel, 1954.

*Brigadier à un carrefour vers 1910. Le sifflet, d'abord en ivoire, remonte à la Révolution.*

*Ci-contre :*
*En janvier 1927,*
*par décret ministériel,*
*les contraventions*
*doivent être payées*
*séance tenante.*
*L'agent prépare*
*son reçu.*

*Page de gauche :*
*Photo prise le 19 août 1939,*
*place de l'Opéra. Noter*
*la fixation encore très*
*artisanale des feux.*

*Ci-dessous :*
*Excès de vitesse rue Richer,*
*le 15 décembre 1924.*

*Vague de froid à Paris, en 1938. Heureusement, les agents de la circulation ont des petites chaufferettes. Vers la même époque, on testa des miradors à roulettes.*

*Page de gauche :*
*Essai d'un mirador, place de l'Opéra. L'agent commande encore manuellement les feux.*

*Au centre :*
*Place de l'Etoile, un « aiguilleur », placé dans un kiosque, aiguille électriquement les nombreux tramways qui circulent autour du célèbre monument.*

*Ci-dessous :*
*Inauguration d'un « kiosque-signal », rue Montmartre. Grâce à un volant, l'agent peut faire tourner son kiosque qui ainsi, « ouvre » ou « ferme » une des voies du carrefour. Pas simple...*

PIETONS
TRAVERSÉE
CONDUCTEURS
RALENTIR

*Avant l'ère des feux, on se contente de panneaux avertisseurs.*

# Qui osera interdire la voiture à Paris?

*Cet article daté de 1950 fourmille d'informations sur la situation, déjà jugée catastrophique, de la circulation parisienne.*

*Ci-dessous : Conférence sur la circulation à la préfecture de la Seine, en 1936. Au centre, le directeur des Affaires municipales et, à sa gauche, M. Berthier, Directeur de la circulation à la préfecture de police.*

*1932, le préfet Jean Chiappe assiste aux essais de circulation synchronisée par feux, à la Porte Saint-Denis.*

LE COMITÉ PERMANENT de la circulation s'est réuni le 12 octobre, sous la présidence de M. Léonard, préfet de police. Ce comité comprend une quarantaine de membres, aussi bien des représentants du haut commerce que du syndicat des chauffeurs de taxi, des transports, autobus, etc., que des brigades de circulation.

La situation était grave et embarrassante. Si embarrassante, que nulle solution n'a été envisagée dans l'immédiat. On s'est contenté – comme toujours en pareil cas – de nommer une sous-commission.

Devra-t-on un jour recourir à l'ultime mesure du stationnement interdit dans le centre de la capitale? Là, aucune illusion : l'interdiction de stationner dans le centre équivaudrait pratiquement à supprimer purement et simplement la circulation...

Dans les conditions actuelles on peut se demander quelle autre mesure serait efficace. Inutile de dire qu'elle ne sourit pas aux commerçants (qui ont quand même leur mot à dire), non plus qu'aux usagers qui auront à abandonner leur voiture quelque part dans un lointain parking. Si les parcs à voitures des quais sont actuellement boudés, l'application de la mesure en question les rendrait débordants en très peu de temps.

On en serait alors réduit à se rabattre aux portes mêmes de la ville. Le centre de Paris ne serait plus accessible qu'aux transports publics ou aux prioritaires (médecins, etc.).

Aux Etats-Unis, le nombre de voitures est de 25 pour 100 habitants.

Si dans la région parisienne nous en sommes encore à une voiture pour 17 habitants, il y a beaucoup de chances pour que ce pourcentage s'accroisse rapidement, étant donné la production française. Renault annonce une production journalière de 600 voitures à brève échéance. Le nombre des demandes non satifaites n'en diminue pas pour autant.

Les mesures règlementant la circulation des poids lourds, de cinq tonnes et au-dessus, ainsi que des véhicules lents (voiture à cheval et à bras) n'ont pas suffi. Le commerce s'en est trouvé gêné, au point que l'interdiction pour les poids lourds a du être levée pour la rue de Castiglione et la place Vendôme.

On pourrait évidemment objecter que certaines livraisons peuvent s'effectuer de nuit, mais le travail de nuit se paie plus cher et les entreprises ne veulent pas augmenter leurs frais généraux. Si l'on ajoute à ceci la limitation de vitesse à 60 kilomètres à l'heure qui ralentirait encore le débit (les voitures de tourisme peuvent actuellement pousser des pointes qui leur permettent de rattraper les retards causés par les encombrements), on se rend compte de ce que sera la circulation parisienne avant six mois d'ici. Se résoudra-t-on enfin à construire ces passages souterrains qui seraient au moins un palliatif?

« Trois milliards du kilomètre! », répond-on officiellement. C'est possible. Mais réalise-t-on ce que serait la vie à Paris, si, en 1900, pareil souci d'économie – et à l'époque il n'a pas manqué de gens pour l'exprimer – avait empêché la réalisation du métro?

Le projet de passage sous l'Alma a été abandonné, faute de crédit. Il en a été de même pour celui, plus grandiose, qui prévoyait une voie souterraine partant de la Villette et se séparant en fourche au Châtelet, une des branches allant vers Saint-Germain-des-Prés, l'autre vers les Gobelins.

Un autre projet, celui de la traversée des Tuileries par une voie d'une dizaine de mètres de largeur, joignant la rue de Solférino à la rue de Castiglione, avait été envisagé.

Les Beaux-Arts s'y sont opposés. Ainsi, de jour en jour, la situation s'aggrave sans que l'on puisse appliquer aucun remède radical. Faut-il attendre qu'elle soit devenue inextricable?

*Le Matin*
17 octobre 1950.

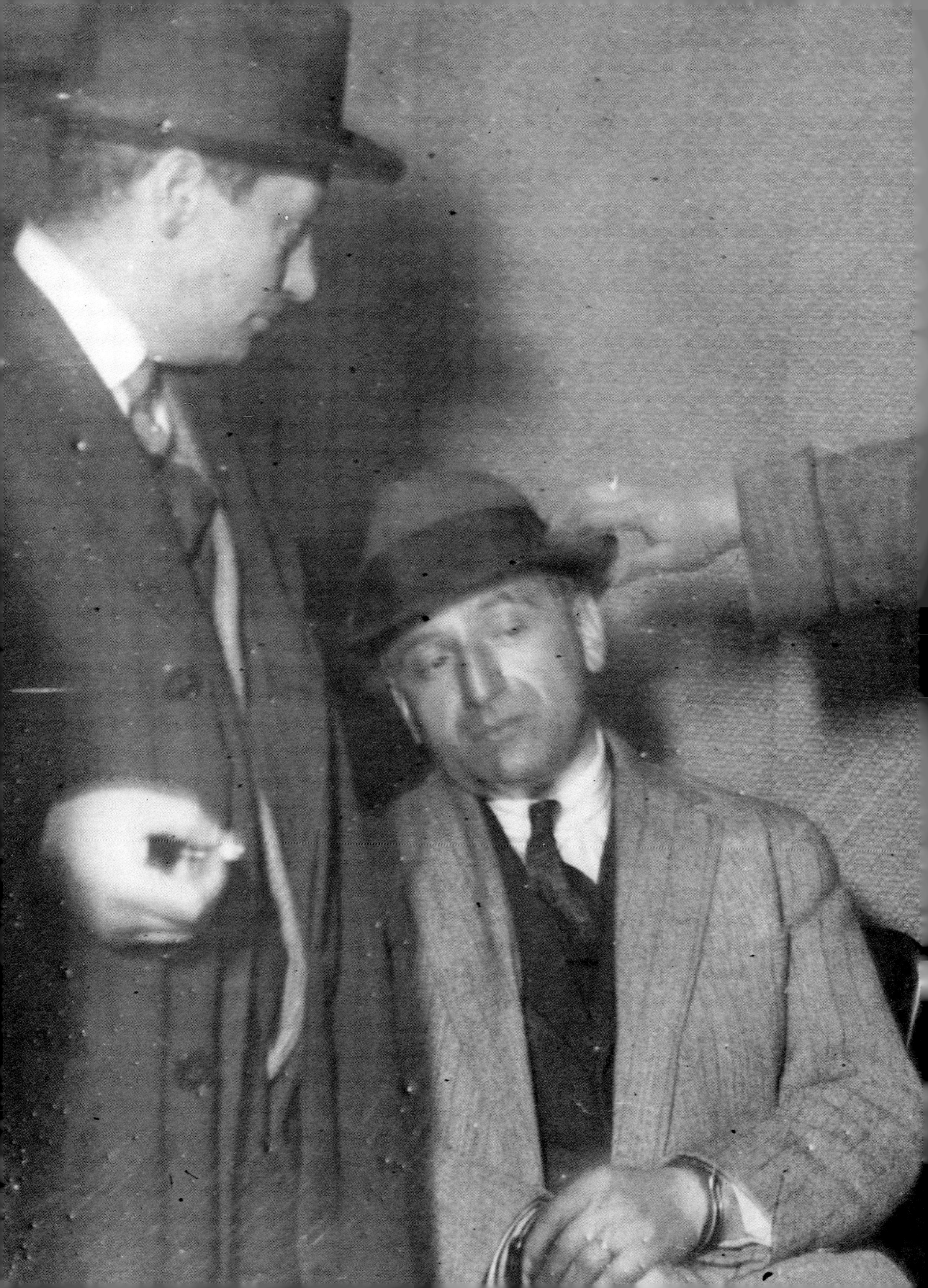

# LA CHASSE AU CRIME

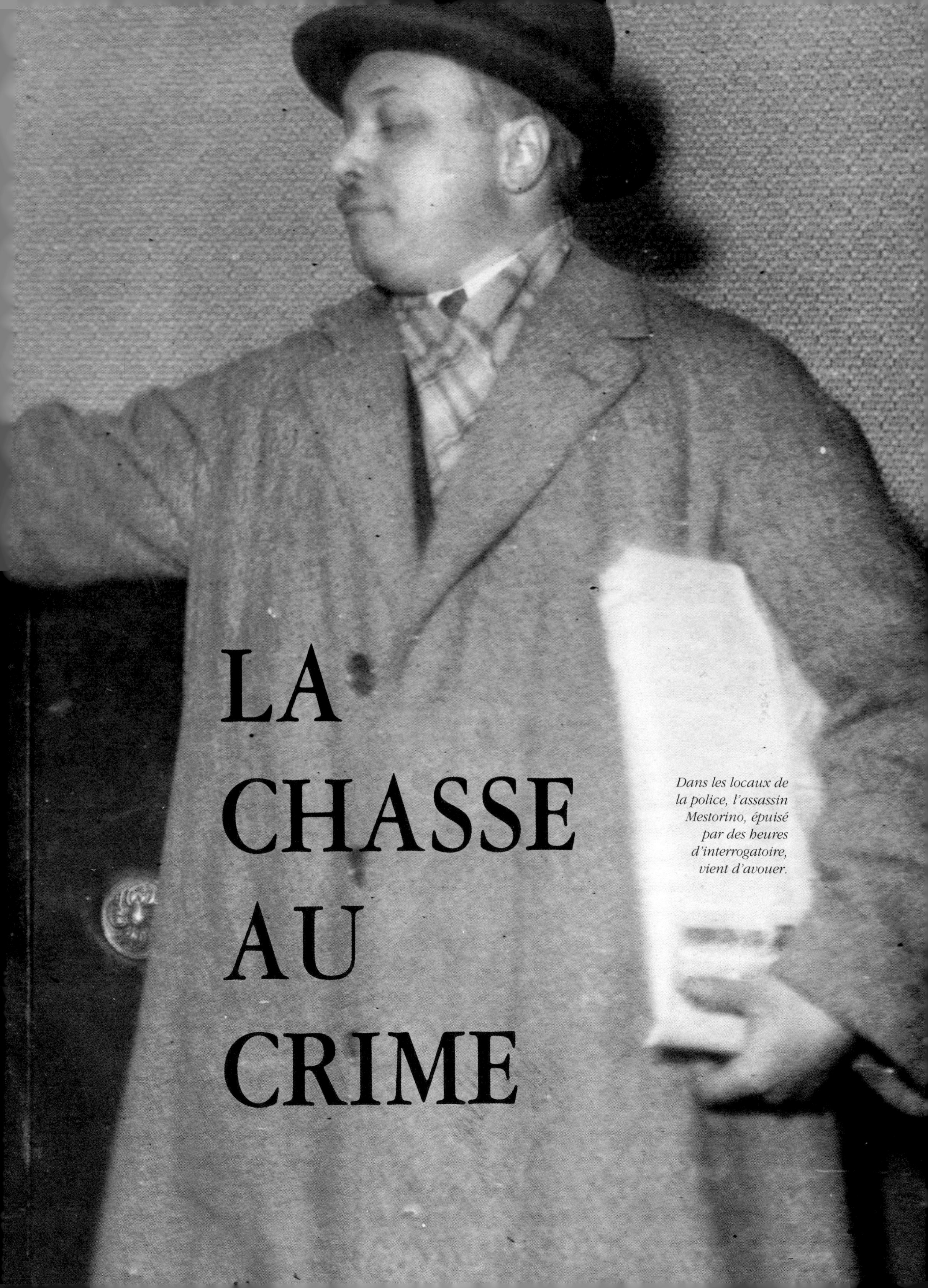

*Dans les locaux de la police, l'assassin Mestorino, épuisé par des heures d'interrogatoire, vient d'avouer.*

DE LA
POLICE
JUDICIAIRE
ESCALIER A
POLICE JUDICIAIRE

# Ma première filoche

*Pour son enquête sur le quai des Orfèvres, le journaliste-écrivain Louis Roubaud fait un stage dans la « maison ». On le confie à un inspecteur chevronné.*

J'AI FAIT MES DÉBUTS avec l'inspecteur Bouclet, un athlète blond, ancien moniteur de Joinville qui rompt les ficelles en gonflant les biceps.

Il rompt des ficelles dans la petite salle du débit de vins où nous sommes installés près de la vitre, mais il ne quitte point d'un œil la porte en face, de l'autre côté de la rue.

Nous sommes en « planque », c'est-à-dire en surveillance, rue de Dunkerque.

Le surveillé, que je ne connais pas encore, Bouclet l'a suivi, hier, sans pouvoir obtenir les indications qu'il désire : l'homme se méfiait. On possède son identité. Il est descendu à l'hôtel avec plusieurs valises bourrées de timbres-poste, de faux timbres-poste.

– Allons-nous l'attendre longtemps?

– Je ne pense pas, mais « en planque », on n'a pas d'heure. J'en ai fait une qui a duré 15 jours en plein hiver.

Peut-être Bouclet a-t-il deviné que je ne suis pas un « collègue » ordinaire :

– Une surveillance, m'explique-t-il, ce n'est pas une besogne pour des gens fatigués. Cela se passe le plus souvent debout, en plein air, au même endroit. On déjeune ou l'on dîne comme on peut. Quelques minutes d'inattention suffisent à vous faire perdre le bénéfice d'une semaine de surmenage et à être mal noté par les chefs.

Je vais approuver; Boucler m'arrête :

– Le voilà :

Il s'est dressé sans hâte, il a rangé lentement sa chaise contre la table :

– Vous venez? Faites attention de ne pas vous faire « brûler ». C'est un méfiant! Arrêtez-vous! Ne le regardez surtout pas… Regardez-le maintenant!

Notre homme a quarante ans environ, il est correct, rasé, vêtu d'un raglan gris foncé. Il a sous le bras une grosse serviette rebondie.

– Il y a au moins trente mille francs de timbres là-dedans !

L'homme à la serviette nous a d'abord conduits jusqu'au métro de la gare du Nord. Je ne m'étonne plus qu'il nous ait d'abord aiguillés sur un mauvais quai avant de se décider pour la direction « Italie ». Encore laisse-t-il passer une rame, ce qui devrait nous démasquer si nous n'étions servis par l'affluence. Nous nous plongeons dans l'étude du plan du métro.

Nous voici dans la rame avec notre client, dans la même voiture, à quelques mètres de lui... et de sa serviette noire. Il s'est placé près d'une porte de sortie. Nous aussi. Le voyage se poursuit sans incident jusqu'à la station « Richard-Lenoir ». Mais ici s'engage une passe d'armes qui nous prouve que nous avons affaire à un excellent escrimeur. Notre client n'a pas bougé durant l'arrêt. Il a attendu la fermeture des portes, le coup de sifflet, sans un mouvement. Déjà la rame est en marche. Soudain l'homme à la serviette a fait glisser la

*L'écrivain Georges Simenon pose devant les bureaux de la P.J. A l'époque, il fait une enquête sur la police pour le journal « Paris-Soir ».*

*Pages suivantes : Hold-up à La Courneuve, en 1950. Devant le siège de la 8e brigade territoriale, rue de Nantes, les enquêteurs montrent des photos de suspects au directeur de la banque et au caissier attaqué.*

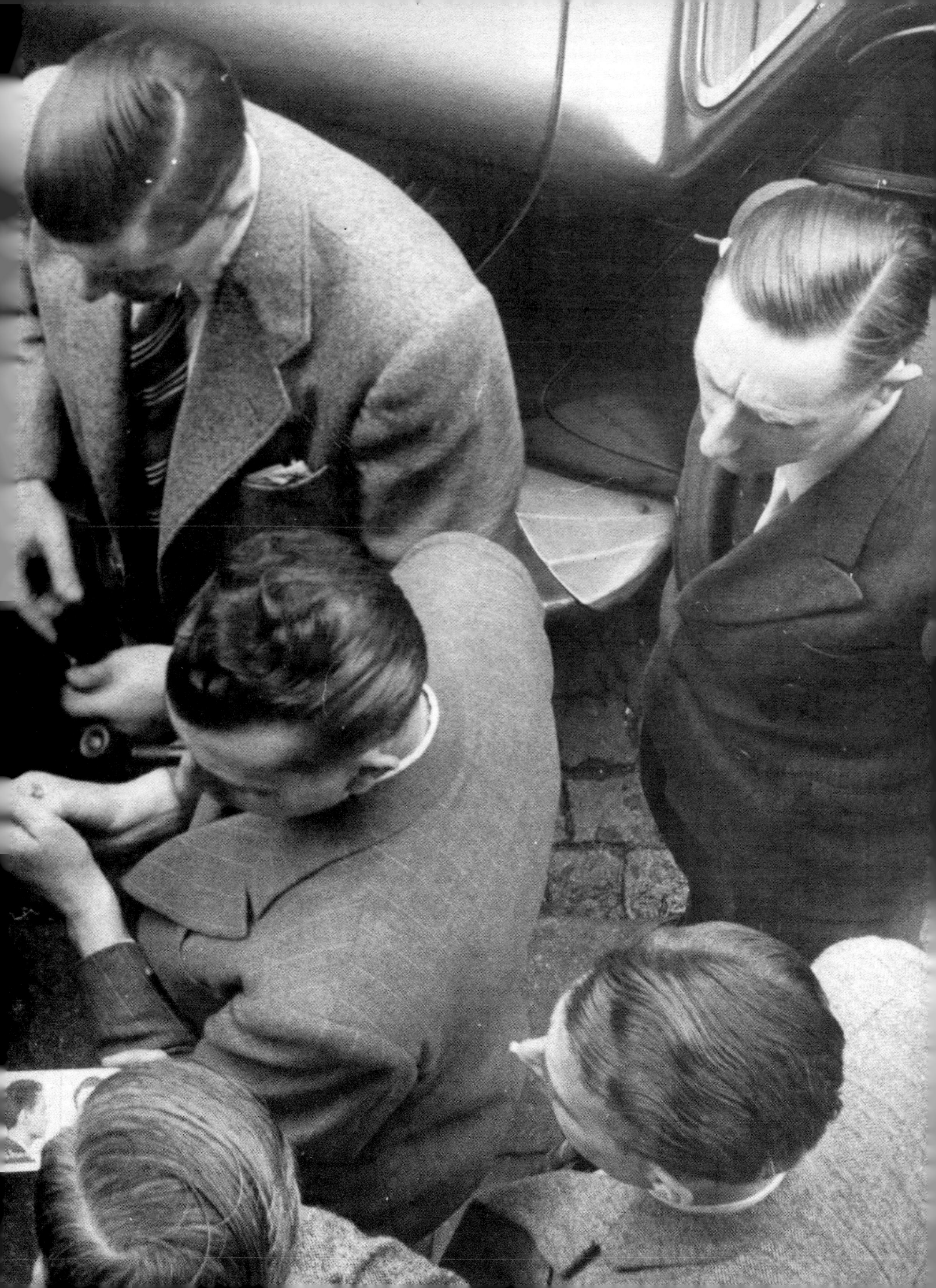

*Page de gauche : Ces faux uniformes de policiers figuraient dans la garde-robe des gangsters.*

*Ci-contre : En 1937, l'actrice Josette Day pose avec les inspecteurs qui ont confondu le maître-chanteur dont elle était victime. Sur le bureau on voit les armes du malfaiteur.*

portière (note de l'éditeur : ce qui serait impossible de nos jours, avec la fermeture automatique des portes...) et a sauté sur le quai. Bouclet le suit des yeux sans esquisser, lui non plus, un seul geste.

– Nous sommes « semés ».

Je le regarde atterré, il m'explique :

– Nous ne pouvions pas descendre sans nous découvrir. De quel côté se dirigeait-il? A droite ou à gauche?

– A droite.

– Eh bien, la sortie est à gauche. Il est resté dans la station pour prendre la rame suivante. Et il m'ordonne :

– Vous allez descendre avec moi à la prochaine station : « Bréguet-Sabin ». Vous resterez sur le quai et vous attendrez la première rame. J'y serai probablement.

– Vous ?

– Oui, je vous ferai signe de mon wagon. Si je n'y étais pas, c'est que je serais arrivé trop tard, en ce cas vous monteriez n'importe où et vous tâcheriez de surveiller toutes les descentes aux prochaines stations. C'est d'ailleurs à peu près impossible. Si on est définitivement semés tous les deux, rendez-vous à la permanence.

A Bréguet-Sabin, Bouclet saute prestement sur le quai, gravit à toute allure les marches de l'escalier de sortie...

J'ai dix minutes à me morfondre, car, à cette heure et sur cette ligne, les rames sont assez espacées.

Enfin un coup de sifflet; le train entre en station, j'aperçois Bouclet dans la seconde voiture non loin de l'homme à la serviette.

Mon collègue avait regagné au pas de gymnastique la station « Richard-Lenoir » avant l'arrivée de la seconde rame. Il y avait trouvé son client et s'était embarqué derrière lui.

Le reste de la filature n'est plus qu'un jeu. L'homme traqué, que sa manœuvre a mis en confiance, nous guide bien malgré lui à un hôtel voisin de la gare de Lyon. Des renforts sont demandés par téléphone et quelques instants après « l'individu » et son complice sont arrêtés. On les trouve porteurs de plus de deux cent mille faux timbres de 0, 25 F.

Dans le poste où on conduit les deux faussaires, Bouclet converse familièrement avec eux. Il s'adresse à notre client :

– As-tu déjà « payé »?

– Oui.

– Combien ?

– Cinq ans.

– Alors, tu es bon.

Il le plaint presque.

On apporte à ce moment une cordelette destinée aux scellés de la serviette. Il s'en fait donner 25 centimètres qu'il noue autour de son bras à hauteur du biceps.

– Tiens, regarde.

Et d'une flexion, il fait éclater la cordelette.

Louis Roubaud
*36, quai des Orfèvres,*
Les Editions de France, 1927.

# Une cotte de mailles secrète

*Quelques renseignements sur la fabrication et le marché des gilets secrets dont se servent parfois les policiers et ceux qui redoutent une agression.*

La préfecture de police vient d'adopter une cuirasse en tôle d'acier destinée à protéger les inspecteurs quand ils opéreront une arrestation jugée dangereuse. Chez un fabricant d'armures et de « gilets secrets », car tel est le nom de cette cuirasse, on m'a fourni quelques renseignements assez curieux. En effet, il y a encore des particuliers, qui, à l'instar des preux d'autrefois, se promènent en ville tout bardés de fer et d'acier et avec une cotte d'armes. Pour protéger le corps humain en voyage, la cotte de maille serait efficace si elle n'était à la fois lourde et onéreuse. Il y a d'abord une cuirasse très simple mais qui ne protège pas contre les balles blindées. Elle est constituée de plusieurs lames d'acier superposées avec des glissières permettant de plier le corps. Ce corset d'acier est souvent utilisé par les explorateurs qui s'en vont vers des régions où les indigènes se servent encore de flèches et de lances. Cette cuirasse peut arrêter également la pointe acérée d'un couteau, mais son enveloppe est trop mince pour aplatir une balle de revolver tirée à bout portant. Dans le commerce, on vend très peu de ces armures dont le coût est d'ailleurs de 700 F.

Mais voici la véritable cotte de mailles. Certaines sont simplement faites d'anneaux entrelacés, mais la cotte de mailles véritable, système ancien, est sertie avec des anneaux serrés montés les uns sur les autres et rivés. J'ai eu sous les yeux plusieurs morceaux de ces cottes sur lesquelles les balles de revolver vinrent s'écraser. Car chaque client qui commandait un spécimen de cette armure protectrice en essayait lui-même l'efficacité en tirant à bout portant une balle sur un fragment de sa cotte.

Ces « gilets secrets » se payaient autrefois 2000 francs. Ils reviennent aujourd'hui à 6000 francs, car c'est un travail long et difficile qui exige près d'un mois.

Le modèle adopté aujourd'hui par la préfecture de police semble remplir toutes les conditions de protection et d'efficacité.

– Mais, ai-je demandé au marchand, la cotte de mailles trouve-t-elle encore aujourd'hui des acquéreurs?

– Cela arrive encore, et ce sont, la plupart du temps, des intermédiaires qui nous passent la commande. Cependant, je peux vous dire sans révéler un secret d'Etat, que plusieurs personnages importants en commandèrent. J'ai eu parmi mes clients un président de la République, un ancien préfet de police très populaire, un directeur de la banque de France et un boxeur célèbre qui, partant pour le Canada, redoutait certaines embûches professionnelles.

Mais voici une fiche restée sur un morceau d'échantillon que le fabricant m'a montré, et j'y relève le nom : M. Heimann. A quel drame ce personnage inconnu voulait-il se soustraire en revêtant la cuirasse? Mystère.

*L'Excelsior*
21 mars 1923.

*La cotte de maille légère qui équipe les inspecteurs en 1923.*

*Pages suivantes : En 1947, devant la recrudescence des batailles de rue, la police de Philadelphie teste des gilets blindés.*

FILBERT ST.

# La Mondaine

*Le cabaret traditionnel des années trente avec ses seaux à « champ' », ses entraîneuses et ses clients en smoking et chapeaux de fêtards... Il n'y manque que Jean Gabin et Viviane Romance...*

– Vous avez un smoking? Montez au troisième étage, vous suivrez le couloir à gauche, c'est la septième ou huitième porte à droite. Vous demanderez à l'agent la « Brigade mondaine ».

C'est un bureau poussiéreux. Quelques tables noires et, jusqu'au plafond, des casiers débordant de dossiers. La brigade possède des archives à elle : le vice et la misère d'une ville consignés en d'impassibles rapports.

Un inspecteur m'accueille et se nomme :

– Chalavin...

Il m'explique en deux mots notre mission : une surveillance dans un restaurant de nuit.

Aux environs de la place Blanche, malgré quelques arrestations récentes, le trafic de la cocaïne et de l'héroïne continue... Plusieurs gradés s'occupent de cette affaire dont la stratégie ne nous regarde pas. Nous jouerons simplement un rôle tactique, dans les strictes limites d'un secteur désigné : le petit établissement connu sous ce nom : « Le Sansonnet ».

A minuit, je suis exact. Chalavin m'attend devant la bouche du métro. Il m'inspecte d'un coup d'œil : ma tenue le satisfait. Un chasseur vert à boutons d'or nous a guidés jusqu'au vestiaire, le maître d'hôtel nous a installés, le sommelier nous a tendu la carte des vins, l'orchestre déjà nous assourdit!

– Deux chartreuses, commande mon compagnon.

Mais il n'est plus servi, après minuit, que des soupers... ou tout au moins du champagne. Nous choisissons sur la carte la marque la plus abordable et, tout de suite, la difficulté principale de notre mission m'apparaît : « l'élégance » professionnelle de Chalavin ne peut faire illusion. Sa ladrerie, inévitable, – car les crédits lui sont chichement mesurés – n'est pas compatible avec la prodigalité des habitués du lieu. Certes, nous ne sommes pas les seuls à ne « pas être ici pour nous amuser ». Parmi ces hommes et ces femmes qui dansent et qui chantent ou qui rient, il en est qui sont payés pour danser, pour chanter et pour rire.

Sans être averti, on les reconnaît... *mais on nous reconnaît aussi...*

Nous voici intimidés et honteux de notre mensonge devant le seau de métal, d'où émerge un goulot cravaté de blanc.

C'est le meilleur marché : quatre-vingt francs!

Faudra-t-il payer aussi l'assiette de biscuits, à laquelle nous nous gardons de toucher?

*Une scène dramatique : dans un bar, un homme vient d'abattre un rival et tente de retourner l'arme contre lui... Ce sont des mannequins de cire, au musée de la police, en 1936.*

*Danseuse nue de cabaret, style 1930.*



Nous n'userons pas du sac de confetti que le chasseur a déposé devant nous pour mitrailler les autres convives. Nous ne viderons pas nos verres qu'un sommelier vigilant remplit aussitôt... et nous regarderons de temps à autre dans notre portefeuille deux photographies numérotées :

A. 242.607 Gassouniaz (Vittia), 24 ans, Polonaise.

A. 107.281 Cassetti (Marius-Robert) 30 ans, Français.

Nous sommes ici pour mettre la main sur cette Gassouniaz et sur ce Cassetti au moment précis où ils livreront la drogue à l'un des clients.

On a distribué tout à l'heure des bâtons à plumet de papier, des casques de pompier en carton. Il y en a eu pour toutes les tables, sauf la nôtre. Le gérant a bien compris que nous ne sommes pas ici pour rire... et que nous n'avons pas le pourboire facile.

Même le musicien qui récolte des billets de cinq francs dans une serviette blanche pliée sur une assiette, a feint discrètement de nous oublier...

Une jeune personne un peu grise nous a attaqués de quelques boulettes de coton vert. Ses compagnons lui ont fait cesser le jeu.

Surveillons-nous le « Sansonnet » ou n'est-ce point plutôt le « Sansonnet » qui nous surveille?

A côté de nous, l'on soupe; de belles huîtres vertes sur un lit de glace pilée, des rondelles de pain bis délicieusement beurrées, puis un poulet doré à demi enseveli dans un fin gravier de gelée blonde...

Leur fier « Magnum » dans l'immense seau, ressemble à une grosse pièce d'artillerie... et notre bouteille, qui nage maintenant dans la glace fondue, n'est qu'un petit canon de campagne désaffecté...

Des garçons tournent autour de nous. On cherche des tables pour les nouveaux venus, on fait mine de croire que nous avons appelé pour demander notre vestiaire.

– Buvez lentement, ordonne Chalavin, nous resterons ici jusqu'à la fermeture !...

Chalavin avait raison...

Notre supplice a pris fin sur le coup de trois heures du matin, d'une façon inattendue... pour moi du moins.

Un monsieur s'est avancé vers nous... Un monsieur en smoking, attaché à l'établissement et que j'avais vu aller et venir parmi les tables, donner des ordres aux garçons.

Il s'est incliné et, presque à l'oreille, il nous a glissé cette invitation :

– Vous pouvez venir...

– Où?

– Au lavabo.

Nous l'avons suivi jusqu'a la porte des toilettes, où nous aperçûmes deux hommes, dont l'un était en train de revisser rapidement le pommeau d'écaille de sa canne.

Chalavin lui arracha des mains cette pièce à conviction. La canne évidée contenait 400 grammes d'héroïne.

Cassetti (Marius-Robert) n'opposa point de résistance. Son client, M.B..., de nationalité belge, fut invité à nous suivre et Vita Gassouniaz fut arrêtée le soir même dans un établissement voisin par d'autres agents.

Ainsi nous avions réussi notre opération, précisément parce que nous n'étions pas parvenus à conserver l'incognito. M. Robert nous avait trop repérés, il nous savait trop « brûlés » pour nous croire capables d'agir... mais il avait compté sans la délation...

LOUIS ROUBAUD
*36, quai des Orfèvres,*
Les Editions de France, 1927.

# Mestorino avoue son crime au commissaire Guillaume

*En 1928 cette affaire est à la une de tous les journaux : le joaillier Mestorino assassine le bijoutier Gaston Truphème qui lui réclamait une traite impayée, puis va brûler le corps en forêt d'Armainvilliers. Mestorino nie tout.*

Le mystere de la foret d'Armainvilliers est éclairci, l'assassin est entre les mains de la justice, et c'est l'homme qui, aux premiers jours de l'enquête, semblait avoir été une fois pour toutes mis hors de cause : Mestorino, le bijoutier chez qui Truphème vint au matin de sa mort toucher la traite de 35 000 francs; Mestorino qui, depuis le jour où le crime fut découvert, était demeuré aussi calme, aussi tranquille, vaquant comme de coutume à ses affaires.

L'aveu de son forfait, on peut dire que les policiers le lui ont arraché des lèvres. Ce fut une lutte formidable. Les poings serrés, les yeux fous, debout contre les murs de ce bureau de la police judiciaire où il était entré tant d'heures auparavant, l'assassin faisait tête à la meute des inspecteurs qui le harcelaient, lui posaient à brûle-pourpoint des questions, comme on enfonce des lames. Les dents serrées, comme s'il eût voulu empêcher l'aveu de jaillir, il niait, niait désespérément, farouchement.

« Je ne sais rien, monsieur, répétait-il à M. Guillaume qui inlassablement l'interrogeait, les yeux dans les yeux... rien de plus que ce qu'on a dit dans les journaux. »

Mais quoi! Les faits étaient là, patents, écrasants. Cette traite de 35 000 francs qu'il devait régler, il lui avait bien fallu enfin reconnaître qu'il ne l'avait pas payée.

« Vous avez menti une fois de plus : cette traite vous ne l'avez pas acquittée et cependant elle est entre vos mains. Vous l'avez donc prise de force? Allons, parlez! »

Les épaules basses, les mains enfoncées dans les poches de son trench-coat, Mestorino hochait la tête, « Non ! répétait-il obstinément, non! » et des sursauts : « Mais enfin, puisque je vous dis que je ne sais rien! »

Deux par deux, les inspecteurs se relayaient. « Il faut parler, Mestorino, entendez-vous? Quoi! Vous avez eu une discussion, vous avez frappé. Truphème est tombé... Ce n'est pas un assassinat cela! » Et, debout, le commissaire Gabrielli lui souffle : « L'heure est venue, vous avez perdu la partie, il faut être beau joueur... ».

Il semble que dans la gorge du joaillier l'aveu monte. Mais non. Le misérable a une révolte. « Non, non, gémit-il, je ne sais rien. Ce n'est pas moi, je vous le jure. » Un ordre bref, on le fouille, on lui retire ses vêtements : dans ses poches, il n'y a que quelques coupures de journaux relatant « l'affaire » mais son corps, aux genoux, à la cheville, est couvert d'ecchymoses.

Traces d'un lutte, d'une bataille sauvage?

Péniblement il explique : « Je me suis blessé dans mon garage en rentrant ma voiture. »

Et l'heure tourne; à moitié nu, les traits tirés par la veille, par l'effroyable lutte qu'il soutient depuis un jour, Mestorino chancelle sur ses jambes. On lui avance un fauteuil. Un ins-

*Pendant des jours, Mestorino niera son crime avec un sang froid étonnant et acceptera même de poser pour les reporters devant sa voiture (qui lui servit à transporter le corps de sa victime).*

*Le jour de la reconstitution du crime, les badauds ont accouru en masse. L'affaire faisait la « une » de tous les quotidiens.*

tant il y reste prostré. De nouveau il faut répondre. Aux vitres, le petit jour paraît. C'est l'heure où on exécute les assassins. Il est seul, entre six hommes qui semblent des fantômes penchés sur lui. Il baisse la tête.

Tout d'un coup, il tend les mains : « Assez, assez, murmure-il. C'est moi, j'avoue, c'est moi qui l'ai tué. »

Il parle : « Truphème est venu chez moi vers onze heures. Il voulait son argent. Je ne l'avais pas « Quoi, fit-il, vous ne pouvez pas payer? » Une discussion éclata aussitôt, vite changée en dispute. Il m'insulta. Je sautai sur lui, le frappai d'un coup de poing au visage. Il tomba et sa tête heurta le coin d'un meuble. Il resta inanimé quelques instants, puis se relevant, appela à l'aide. Que se passat-il en moi alors? Je pris une poignée de coton, je la lui enfonçai dans la bouche. Il se défendit, se débattit, mais je suis fort, j'étais fou...

Quand il fut mort, je traînai son corps dans un grand placard qui est dans mon bureau.

L'après-midi j'ai acheté la toile pour l'envelopper et la corde, je l'ai descendu le soir dans ma voiture et l'ai conduit à la Varenne d'où je suis parti le lendemain matin pour la forêt d'Armainvilliers. »

Ces derniers mots, Mestorino les a prononcés comme dans un souffle. Sa tête retombe sur sa poitrine, mais ses yeux demeurent secs et il ne tremble pas. On lui rend ses vêtements, et deux heures encore il reste là entre les quatre murs du bureau, à tourner comme une bête, silencieusement.

*Le Journal*,
16 mars 1928.

*Voyous marseillais de cinéma dans le film : « Une java » (avec Aimos, Mila Parély et la chanteuse Fréhel).*

# Plongée dans le milieu marseillais

*Le jeune inspecteur Gugliero fait ses débuts à la P.J. de Marseille. Pas exactement comme il le souhaitait...*

*Ci-dessous : 1937 : une Citroën flambant neuve appartenant à un gangster notoire est retirée du bassin de radoub... Bizarre !*

*Le Bar de l'Univers,*
*à Marseille.*

M. Grisoni, le chef de la Sureté de l'époque, me fit appeler, m'examina de la tête aux pieds avec ironie et me parla en ces termes :

– Gugliero, j'ai votre affaire!

J'attendis, impatient, presque anxieux, espérant quelque bonne petite affaire qui me permettrait de mettre en valeur ma personnalité et mes qualités policières, car pas un instant je n'avais mis en doute ces dernières. En réalité, je possédais surtout de la bonne volonté, du courage et beaucoup d'illusions. Si ces illusions se sont envolées bien vite, au départ, elles m'ont été précieuses.

– Voici, me dit monsieur Grisoni; j'ai besoin d'un homme comme vous. Il s'agit de pénétrer discrètement dans le milieu et d'approcher des « internationaux » qui, si je suis bien informé, se cachent à Marseille. Je crois qu'ils mijotent quelque affaire. Je vous préviens que c'est du gros gibier...

– Bien, dis-je, flatté, je suis tout disposé à commencer l'enquête. Comptez sur moi.

M. Grisoni me regarda surpris et m'interrompit :

– Mais, il ne s'agit pas de cela... Je vous ai dit qu'il me fallait un homme comme vous.

Il hésita quelques secondes, eut un sourire gêné. Enfin il me dit carrément :

– Gugliero? On ne vous a jamais dit que vous aviez une tête de marlou?

A ma confusion, je dus lui avouer que cela m'était arrivé en effet, et, incontinent, je compris ce que mon chef attendait de moi. Il ne se fit pas faute, d'ailleurs, de me l'expliquer :

– Il faut entrer dans le bouillon et y vivre entièrement. Arrivé d'hier vous n'êtes pas brûlé... Je vous crois intelligent. Tout ira comme sur des roulettes...

Je n'étais pas du tout emballé :

– Si j'ai bien compris, je vais jouer le rôle d'indicateur?

Le chef de la sûreté se récria :

– Mais pas du tout, vous êtes policier. Un policier ne peut être indicateur!

Cet homme avait raison, mes scrupules étaient puérils. Dix années de métier m'ont appris qu'une seule chose compte : le résultat. Le succès purifie le policier, l'absout de péchés dont un homme ordinaire ne serait pas très fier. A la guerre n'en est-il pas ainsi? Or le policier fait toujours la guerre et a, au moins, l'excuse d'avoir en face de lui des criminels. Le débutant que j'étais s'était pourtant fait du métier une idée différente, plus glorieuse. Je fus profondément déçu.

Monsieur Grisoni, qui était un excellent policier et un fort brave homme, le comprit et me consola. Il me fit un cours de psychologie policière et me donna de sages conseils, qui me furent utiles par la suite.

J'entrai donc dans le milieu dès le lendemain. Tout marcha pour le mieux, mais je n'y découvris aucune affaire sensationnelle. J'y fis la connaissance de ces Messieurs, mais ce n'est que plus tard que je devais bénéficier de ces relations.

Chose étonnante, dans cette boue, mon passé ne me remonta pas à la gorge. Je compris simplement que je l'avais échappé belle. Pendant deux mois, je vécus en barbot. Vie fatiguante à force d'être monotone, car je n'avais pas, moi, de femmes à surveiller : théoriquement, les miennes se trouvaient soit à Paris, soit à Buenos-Ayres.

J'étais en villégiature à Marseille, voilà tout. Ce qui peut paraître extraordinaire, c'est que par la suite, grands mecs et patrons de maisons closes ne m'aient pas fait payer mon mensonge, ne m'en aient même pas tenu rigueur. La raison en est simple : ces gens qui eussent été impitoyables pour l'un des leurs, admettaient qu'un policier fît l'indicateur. C'était régulier! Grisoni avait raison..

Mémoires de l'inspecteur Gugliero
publiées dans le magazine *Voilà*
17 mars 1934.

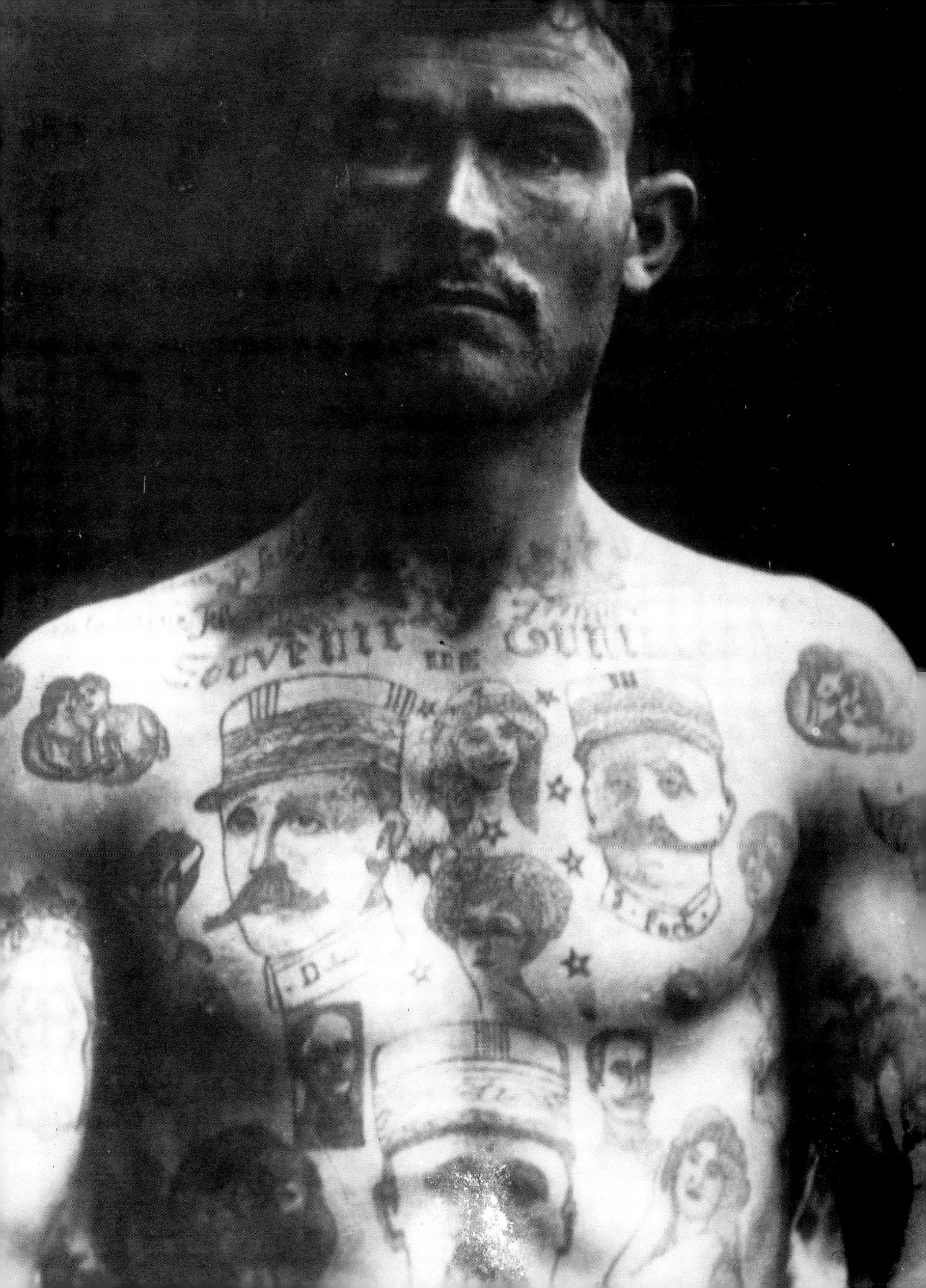
Souvenir

# Le langage des tatouages

*Autrefois, le tatouage était, dans une grande proportion, la marque des individus incarcérés. Pour les criminels, « un langage mystique, obscène ou haineux », comme l'avait remarqué un célèbre médecin-légiste, le professeur Lacassagne.*

J'AI RÉUNI PLUS DE 2000 TATOUAGES. Cette collection que je crois unique, a une grande importance, puisqu'elle représente d'une manière absolue les dessins, inscriptions ou emblèmes relevés sur la peau de 550 individus.

Ma méthode est la suivante : j'applique de la toile transparente sur la partie du corps à copier et je suis tous les contours du dessin avec un crayon, bleu ou rouge. Puis, ma toile est collée sur un carton avec des indications : noms et prénoms, profession et instruction, procédé de tatouage employé, nombre de séances, renseignements sur le tatoueur, quel est l'état actuel du tatouage? Est-il effacé? Effacé volontairement? etc. Ces indications, toujours les mêmes, me permettent de les comparer entre elles.

C'est ainsi qu'il m'a été possible de relever 1 333 tatouages pris sur 378 sujets appartenant soit au 2e bataillon d'Afrique, soit à des pénitenciers militaires. Il est nécessaire de donner quelques renseignements sur ces individus.

Les bataillons d'Afrique, au nombre de trois, un par province, sont constitués par des hommes ayant subi une condamnation pour désertion, vols, etc. Délits qui n'ont été punis que de prison ou de travaux publics. A l'expiration de leur peine, ces hommes vont achever dans ces bataillons disciplinaires, le temps qu'ils doivent à l'Etat. On y envoie aussi les hommes insubordonnés. Dans le langage militaire, ils ont reçu le nom de *Zéphirs*, de *joyeux*. Ils constituent la grande clientèle des conseils de guerre.

Je veux montrer que le grand nombre de tatouages donne presque toujours la mesure de la criminalité du tatoué, ou tout au moins l'appréciation du nombre de ses condamnations et de son séjour dans les prisons.

Sur les 378 sujets examinés, 100 seulement avaient été tatoués avant l'entrée au service, 278 après leur incorporation. Il ne faudrait pas, d'après ces chiffres, accuser la vie militaire. Cette influence est faible et le milieu militaire n'a pas à ce point de vue l'importance du milieu maritime. L'influence vraie est celle de la prison. Pour passer le temps, on se tatoue ou on se fait tatouer. S'il n'y a pas de tatoueur à l'intelligence féconde capable de représenter un sujet quelcconque : le *portrait de la femme aimée, Jean Bart, un mousquetaire, une sirène,* on prend le dessin dans un livre, dans un journal, sur une boîte d'allumettes et alors c'est *Garibaldi, Napoléon, Mac-Mahon, le Petit-Faust* et même de véritables tableaux, comme *une chasse au lion, le martyre de sainte Blandine, la France enchaînée.*

Sur le ventre, au-dessous du nombril, se trouvent presque toujours des sujets lubriques, des inscriptions pornographiques telles que : *Robinet d'amour; plaisir des dames. Venez, Mesdames, au robinet d'amour. Elle pense à moi.*

Sur la verge, onze fois j'ai trouvé tatouées

*Tatouages typiques d'un ancien des « Bat d'Af. », comme en témoignent les mots : « souvenir de Tunis ». L'homme, encore jeune, a un visage très marqué.*

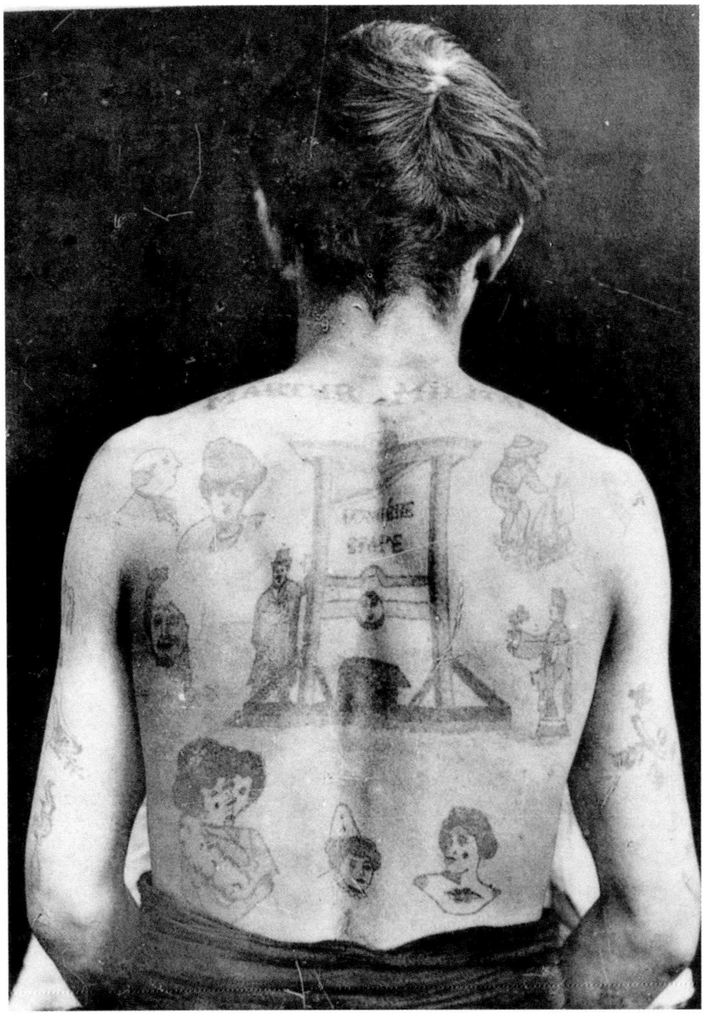

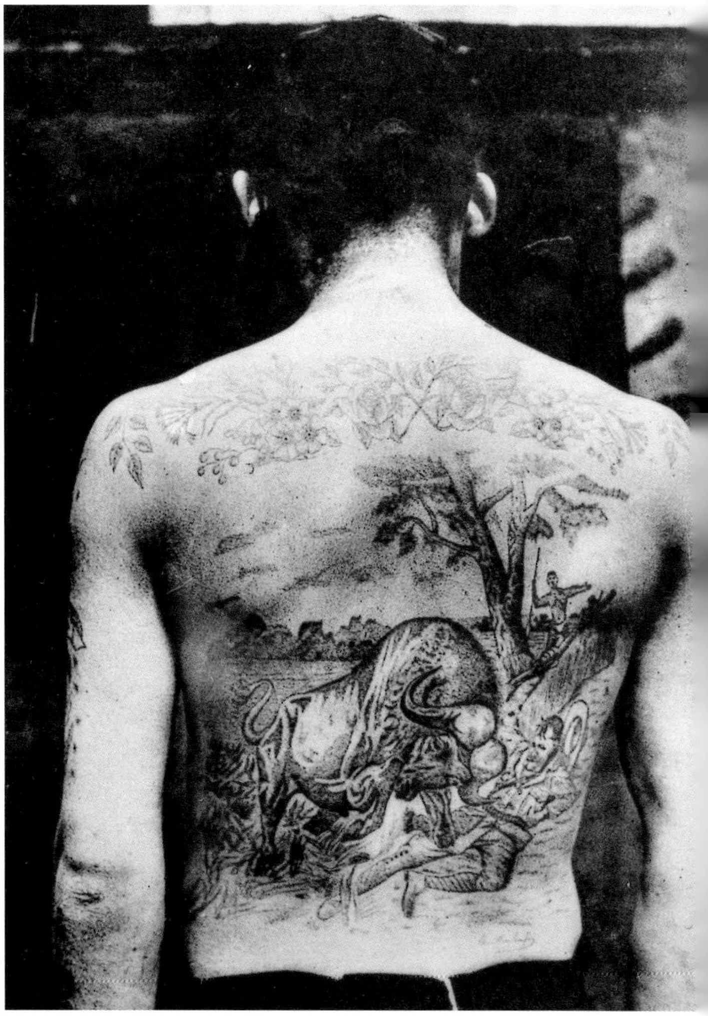

*Le thème classique de la guillotine, et, à droite, le grand dessin sur un thème d'actualité : la mort de l'aviateur Latham. Rival malheureux de Blériot dans la traversée de la Manche, Latham, passionné de chasse, avait été tué par un buffle en Afrique. A l'époque, l'évènement avait fait un bruit considérable.*

des *bottes* : bottes à l'écuyère, bottes éperonnées. Ce dessin sur la verge est très fréquent. J'en ai quinze dans ma collection. Ce n'est point comme on l'a dit, un signe de pédérastie. Tous les hommes interrogés ont dit qu'ils n'avaient ce tatouage que pour faire cet affreux jeu de mot : « Je vais te mettre ma botte au ... »

La poitrine est réservée aux grands dessins, les décorations, les inscriptions amoureuses, les poignards dans le cœur, les portraits de personnes aimées.

Sur le dos se trouvent les plus grands tatouages. J'ai vu une *Jeanne d'Arc* de 41 cm de haut et de 39 cm de large et un *Abd-el-Kader* de 40 cm de haut sur 30 cm de large.

Sur les fesses, des sujets lubriques : verges ailées, verges à la voile, un œil sur chaque fesse, un serpent se dirigeant vers l'anus; sur chaque fesse un zouave croisant la baïonnette et soutenant une banderolle sur laquelle est l'inscription : *on n'entre pas*.

L'emblème le plus répandu est la pensée. On peut même dire que c'est l'unique fleur des tatoués. La rose chantée par les poètes n'a aucun caractère symbolique dans le milieu populaire. La pensée est la fleur du souvenir et de l'espérance, elle est souvent surmontée des mots : *à moi, à elle, à ma mère, à ma sœur, à Marie, à Rosalie*. Précisons que les indifférents, ceux qui ne désirent pas avoir le portrait de leur « fiancée », choisissent en

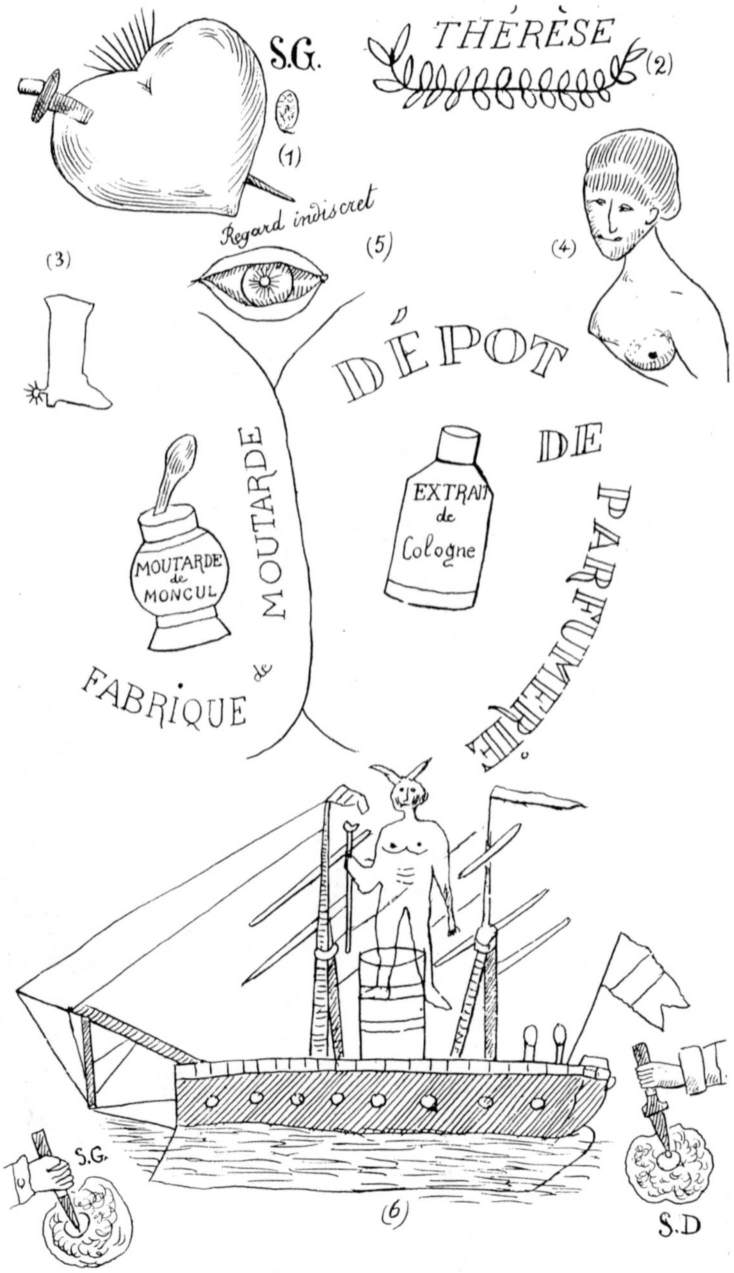


*Dessins de tatouages relevés par le professeur Lacassagne. En 1963, le tatouage était si mal vu qu'il n'existait plus qu'un tatoueur à Paris. Pour survivre, il avait lancé l'idée de tatouer sous les aisselles, le rhésus et le groupe sanguin de chaque individu…*

général une cantinière, une actrice, une danseuse, une écuyère, la femme-canon.

Les criminels ont des tatouages caractéristiques par leur nombre et par leur langage mystique, obscène ou haineux. Sur le front, des inscriptions telles que : *Martyr de la liberté; Mort aux bourgeois; Le bagne m'attend.* Puis ce sont des cris de haine, des menaces : *Mort aux gendarmes, mort aux officiers français; La M....e vaut mieux que la France entière.*

Nous trouvons un bien curieux exemple de tatouage chez les criminels dans le livre de M. Simon Mayer : « Ce Malasséné était le forçat le plus terrible qu'il est possible de représenter. Taillé en hercule, il eût tenu tête à dix hommes. Il était couvert de tatouages depuis les pieds jusqu'aux épaules. Ces tatouages représentaient des figures grotesques ou terribles. Sur la poitrine, il s'était profondément gravé une guillotine rouge et noire, avec cette phrase en rouge :

*J'ai mal commencé*
*Je finirai mal*
*C'est la fin qui m'attend.*

Sur le bras droit, sur le bras qui avait commis le crime pour lequel Malasséné était au bagne, ce malheureux avait cette incription :

*Mort à la chiourme.*

DOCTEUR LACASSAGNE,
*Le tatouage.*
Paris, 1895.

*Cette arme brandie par un chef de la police américaine n'est pas une mitraillette, mais un fusil lance-cartouches de gaz lacrymogène.*

# Des champions de tir

*En 1938, lors de sa visite en Californie, Armand Massard, vice-président du Conseil municipal de la Seine, est nommé capitaine de police honoraire de Los Angeles. Il assiste à une séance de tir.*

*Ci-dessous : L'équipe des meilleurs tireurs de la police de Los Angeles.*

*A la police judiciaire à Paris, une collection d'armes saisies pour identification et tirs de comparaison.*

Devant les buttes de tir, le chef nous présenta un officier de la police motocycliste, champion national de revolver et un brigadier, réputé également comme tireur.

Placés côte à côte, les deux tireurs furent mis en face de deux silhouettes dressées à plus de cinquante pas, et chacun reçut la mission de décharger son arme, l'un en ne tirant qu'à la tête, l'autre, qu'à la poitrine. Les dix balles furent, dans un tir continu, sans réarmer, placées magistralement dans l'ordre donné.

On inversa ensuite les rôles. Puis le chef Davis expliqua qu'il y avait intérêt à tirer sur un bandit, d'abord sur le bras droit, puis sur le bras gauche, nombre d'entre eux étant entraînés à tirer des deux mains... A cet égard, les démonstrations des champions policiers furent exemplaires.

Ensuite, on nous assura que souvent l'intérêt consistait à blesser au ventre les bandits poursuivis, surtout dans le « kidnapping », car ces blessures aux intestins permettent à la police de procéder à un pressant interrogatoire, le blessé conservant pour un temps suffisant toute sa lucidité.

Le chef Davis tint à nous montrer que sa virtuosité au revolver n'était pas inférieure à celle de ses subordonnés. De la main droite, puis de la gauche, il déchargea quatre revolvers sur de menus projectiles lancés en l'air et dont il n'en manqua qu'un seul sur vingt cartouches!

Je fus un peu surpris, chez des professionnels aussi disciplinés, de voir le brigadier ayant fini de lancer en l'air des cibles à son chef, allumer un cigare. Avec flegme, il alla se placer à vingt pas de son supérieur, de profil, et ce dernier arma son arme. C'était angoissant.

– D'abord, expliqua-t-il, je vais faire tomber la cendre du cigare.

Il ajusta, visa. Le coup partit, enlevant strictement la cendre du cigare que le brigadier continua de fumer.

– A présent, reprit le chef, il s'agit d'éteindre le cigare, car il n'est pas permis de fumer ainsi en service commandé.

Un coup claqua, faisant éclater le cigare à quelques centimètres des lèvres de la silhouette vivante. Comme si ces exploits n'étaient pas assez convaincants, le chef des brigades motocyclistes remplaça le chef Davis au pas de tir. Le brigadier s'introduisit une cigarette dans chaque oreille et en garda une entre les lèvres.

Placé ainsi face au tireur dont il regardait sans broncher le canon déjà braqué vers son visage, il se vit soulagé de ses deux cigarettes coupées l'une après l'autre, par deux balles successives. Puis il pivota sur ses talons, se plaçant de profil pour qu'une troisième balle vint couper la cigarette tenue entre ses lèvres.

Le tireur prit alors un miroir et s'apprêta à recommencer l'expérience, le dos tourné à la cible. A ce moment, le chef Davis se leva de la place qu'il était venu réoccuper près de nous et il déclara :

– Un chef ne doit jamais commander à un subordonné un acte qu'il ne puisse accomplir lui-même... Et, ce disant, il alla prendre la place du brigadier-cible, une cigarette allumée à la bouche. Un silence de mort s'établit.

La cigarette du chef de la police était pour un quart consummée. La balle claqua faisant voler la cendre. On respira, pas pour longtemps, car, avec une audace et un sang-froid déconcertants et admirables, le chef, dont pas un trait du visage n'avait cillé, annonça :

– La cigarette n'est pas éteinte. Il reste encore trop de feu...

Je crus déceler imperceptiblement dans la physionomie pourtant impassible du champion de tir, qu'il aurait préféré s'en tenir là de l'expérience. Mais, cette fois encore, la cigarette fut coupée au ras des lèvres...

*Le Journal*
14 mars 1938.

# L'expulsion des danseurs mondains

*En 1928 les danseurs mondains sont une plaie. On considère qu'ils font du tort au tourisme en ternissant l'image de la capitale. En réponse à cet article, le préfet Chiappe annoncera qu'au cours des sept mois précédents, 225 000 personnes ont été interpellées par ses services et de nombreux étrangers ont été expulsés.*

M. FERNAND-LAURENT, conseiller municipal, vient de monter à la tribune édilitaire pour traiter les « danseurs professionnels » avec sévérité : le vagabondage, la prostitution, le chantage, le vol aux Américaines, la vente de la coco, et, pour couronner un si bel édifice, la fraude fiscale, voilà le programme de ces « tangotins », qui, au surplus, sont presque tous des étrangers à l'accent bizarre et à l'identité mystérieuse.

Et M. Fernand-Laurent de demander au préfet de police :

– Qu'est-ce que vous attendez pour les mettre en carte?

Au cours de son éloquent exposé de l'œuvre d'épuration nécessaire qu'il poursuit avec tant d'énergie et d'efficacité, M. Chiappe a promis au conseiller municipal d'Auteuil de mettre au pas les danseurs mondains ou demi-mondains : ils devront être en règle avec l'administration et porter, s'ils sont étrangers, une carte spéciale.

Il y a évidemment toute une pègre en smoking qui, au son du jazz, mène une existence peu faite pour obtenir l'approbation des moralistes. Mais, cela bien posé, reconnaissons, en toute justice, que les danseurs professionnels ne sont pas inévitablement des forbans capables de tout. Il en est qui pourraient dire, sans faire allusion à l'un ou l'autre de nos édiles :

– Nous faisons charlestonner les rombières un peu tapées... Cela vaut peut-être mieux que de faire valser les écus des contribuables!

Maints danseurs professionnels vont au dancing comme ils iraient à l'usine... Le fait est que si le métier est lucratif – et encore pas toujours en ces temps de crise – il est très dur. Songez à l'effort physique que représente le tricotage des jambes, chaque après-midi, de quatre à huit, et chaque soir, de neuf heures au petit jour. Et il faut faire tourner des dames qui, à peu près nues, pèsent parfois dans les deux cents livres!

D'autre part, les danseurs à pourboires sont indispensables... C'est le besoin qui crée l'organe. Les femmes veulent danser à tout prix, et, comme elles n'ont pas toujours le choix, – surtout quand elles ne sont ni jeunes ni jolies – elles sont bien obligées d'avoir recours aux spécialistes de l'établissement.

Ce sont les femmes qui ont inventé et qui subventionnent le danseur professionnel... Il est bien entendu que, malgré ses cheveux à huit reflets, le tangotin n'est pas un personnage bien reluisant. Mais que dire du mari qui le paie pour peloter sa femme en cadence?

Dans ce trio moderne, c'est, me semble-t-il, le travailleur en smoking qui a le rôle le moins ridicule.

*Le Journal*
17 mars 1928.

*La technnique irrésistible du danseur mondain.*

*La traction des policiers est prête à démarrer.*

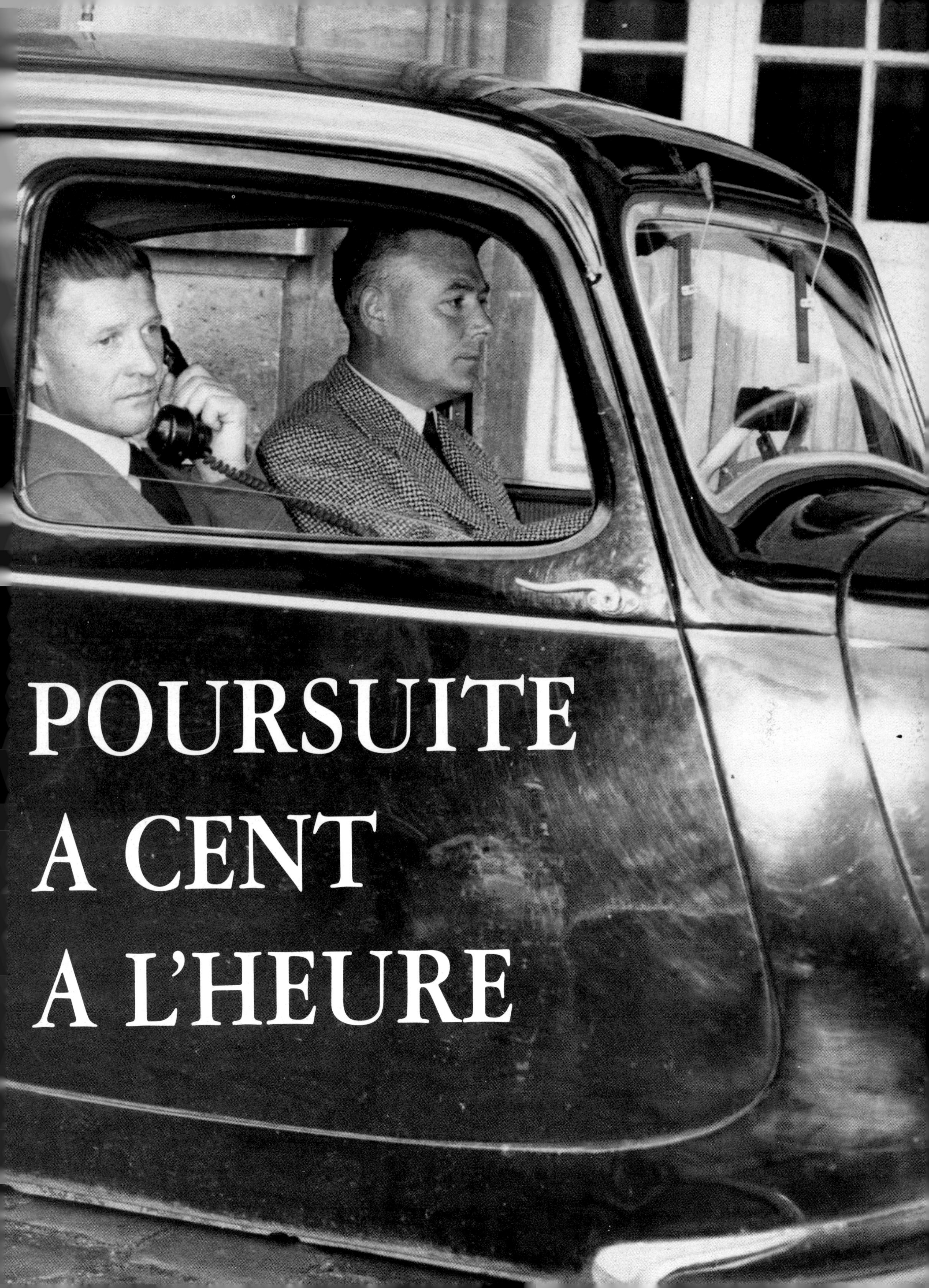

# POURSUITE A CENT A L'HEURE

*La police de New-York teste une radio portative très discrète. Noter le micro en bakélite et la batterie à la ceinture.*

# La radio

*Dès 1926, la police parisienne utilise un camion-TSF qui peut se tenir en liaison avec l'avion de la préfecture pour surveiller les manifestations du haut du ciel. Un peu plus tard, quatre camionnettes équipées de la radio sillonneront la capitale.*

*Ci-dessous : Les haut-parleurs sont encore d'une taille respectable. Tout le quartier peut entendre les communications. On est en 1933.*

6144
RG3
24 25
RK

*Ci-contre :*
*L'opérateur au travail dans le camion-TSF. On est loin du micro-cravate...*

*Page de gauche :*
*Le camion Panhard de la police parisienne équipé de la TSF avait été un des clous du Salon de l'Auto de 1933. Il est photographié ici, toutes antennes déployées, en 1937.*

*Ci-dessous :*
*Le central téléphonique de la préfecture en 1932.*

*La tenue des motards en 1926.*

# La moto

*Elle arrive en 1920. Au début, 9 gardiens sont équipés de machines Blériot. Ils n'ont pas d'uniforme (sauf un petit écusson qu'ils s'empressent de glisser dans leur poche). Leur mission : patrouiller de çi et de là dans Paris. Les gamelles sur les pavés de bois sont quotidiennes. Les guidons se tordent comme des nouilles.*

*Arrestation pour excès de vitesse. Au-delà de 80 km/h, la conduite d'une moto était suicidaire.*

*Ci-contre :*
*Les marques les plus prestigieuses ont figuré dans le parc de la police : Dresch (à transmission par cardan), Harley-Davidson, René Gillet (qui formait les motards, directement à son usine de Montrouge), Gnome et Rhône, Norton, Triumph, Condor, BMW, etc.*

*Page de gauche :*
*Exercices de gymkhana à l'école de police de Sens.*

*Ci-dessous :*
*Les agents motocyclistes photographiés en 1937, avec leur nouvelle plaque de police.*

SCOUT

*Ci-contre :*
*En 1938, certains policiers américains roulaient sur ces mini-scooters. Ici, l'agent dresse une contravention au conducteur d'une Duesenberg.*

*Page de gauche :*
*L'Américaine Marie Breole tente de battre le record féminin de distance à moto. Pour l'aider, la police de l'Oregon lui a donné l'autorisation de porter l'uniforme et le badge de la police.*

*Ci-dessous :*
*Une Harley-Davidson de la police de Washington en 1932.*

# L'automobile

*En commettant un hold-up en voiture, en 1912, c'est la célèbre bande à Bonnot qui donne le signal du départ de la grande course-poursuite entre policiers et gangters. Trop souvent à l'avantage de ces derniers, car les policiers ont rarement de puissantes automobiles.*

*Tout le parc automobile réuni sur une photo. On est en 1927. Au premier plan, les torpédos Citroën B 14, derrière, les petites Renault NN. Ce document aura un grand succès auprès des journaux de l'époque. Une conception très moderne de la publicité.*

*Les petites Renault patrouillent dans les rues de Montmartre.*

*Ci-contre :*
*Le coureur anglais Campbell propose aux policiers ce crochet de son invention, qui leur permet de « happer » le pare-choc de la voiture poursuivie… Bonjour les dégâts!*

*Ci-dessous :*
*Heureux policemen anglais de 1935 qui pouvaient rouler dans cette sportive MG!*

*Ci-contre :*
*Les pimpantes petites Morris Minor des années cinquante.*

*Ci-dessous :*
*En 1935, des distingués jeunes gens, propriétaires de voitures rapides, se mettent à la disposition de la police pour faire la chasse aux bandits sur les routes du comté de Brenwood. Au moindre signal, ils sont prêts à bondir.*

1

*Reconstitution d'un hold-up en traction avant.*

# Le gang des tractions avant

*Dès son apparition sur le marché, en 1935, les gangsters apprécient tous les avantages de cette voiture rapide et facile à conduire. Comme la police mettra beaucoup de temps à s'en apercevoir, les bandits seront pendant longtemps en avance d'une voiture.*

*En 1938, des malfaiteurs arrivés en traction cambriolent une bijouterie à Vincennes. On ne parle pas encore du gang des tractions.*

*Montage, à l'aide de photos et de dessins, publié dans un quotidien pour expliquer un hold-up commis à Boulogne-Billancourt en 1960. La voiture des encaisseurs était une modeste « Dauphine ».*

*John Dillinger, très décontracté, après sa troisième arrestation. Il s'évadera de prison avec un pistolet en bois.*

# La fin de Dillinger, l'ennemi public n°1

*En 1933, le sinistre Al Capone est sous les verrous. La prohibition, source de délinquance, est abolie. C'est alors qu'un jeune gangster de vingt-cinq ans, nommé John Dillinger, terrorise l'Amérique. Utilisant des voitures rapides, il attaque les banques avec une audace inouïe.*

*Poursuite entre policiers et gangsters. On relève 17 impacts sur la Buick des malfaiteurs.*

Surnommé « ennemi public n° 1 », sa spécialité était l'attaque des banques (dix hold-up en un mois). Après l'attaque, il lui arrivait d'emmener les employés de l'établissement sur les marchepieds de sa voiture, pour servir de rempart contre les tirs des policiers.

Le 13 mars, Dillinger et sa bande attaquent la First National bank de Mason City (Iœwa). C'est un apothéose (si l'on peut dire).

La banque est protégée par un gardien perché à cinq mètres de hauteur dans une loggia blindée. Il est armé d'un fusil à cartouches de gaz asphyxiant. Quand il voit les gangsters il tire sur l'un d'eux. Frappé par la cartouche de gaz, l'homme tire à son tour sur le policier, réussissant à l'atteindre à travers la meurtrière.

Dillinger aligne douze otages sur le trottoir et les transforme en rempart vivant.

Dans la rue, un gangster, mitraillette au poing, tient en respect une double file d'autos. La scène se passe au grand jour devant plus de cent personnes. Certaines croient que l'on tourne un film.

Finalement les bandits partent dans une Buick bourrée de vingt-six personnes, otages compris. Les prenant pour des fêtards, un automobiliste égrillard s'approche de la Buick. Il récolte une balle.

Un effroi grandissant s'empare des Etats du Nord. Dillinger-le-Tueur est désormais baptisé Dillinger-la-hyène.

Le gouvernement donne le conseil à la radio : « Enfermez-vous, tenez-vous derrière vos volets et si vous apercevez l'ennemi public n°1, tirez à vue – *Shoot at sight!* »

Les ports sont gardés, les côtes sillonnées par des vedettes militaires. Une armée de volontaires, flanquée de détectives et de chiens de chasse, fouille méthodiquement les rives du Missouri et les steppes du Wisconsin. En un mot, le pays entier – un pays de 144 millions d'habitants – participe aux recherches. Les primes offertes à ceux qui ramèneront mort ou vif l'homme dont la photographie est affichée sur tous les édifices publics se chiffrent par des centaines de milliers de dollars. Chaque Etat se procure des autos et des avions ultra-rapides. Chaque nuit, des policiers, armés et cuirassés de pied en cap – avec cotte de mailles et casques – font irruption dans les tripots à gangsters... Les Américains avouent avoir englouti du 3 mars au 3 avril, *un million et demi de dollars* dans l'affaire Dillinger.

*Mary Longrace, petite amie de Dillinger. On retrouva cette photo dans la montre à gousset du mort.*

Le 20 avril Dillinger et sa bande, quatre hommes et trois femmes, décident d'aller se mettre au vert dans une petite auberge appelée *La petite Bohème,* perdue dans les bois du Wisconsin. Ayant reconnu Dillinger, les propriétaires réussissent à prévenir la police. Deux jours après, vers neuf heures du soir, l'assaut est donné par une vingtaine de policiers revêtus de gilets pare-balles pesant treize kilos. Les mitraillettes crépitent. Les trois bandits avaient pris la précaution d'explorer les alentours de l'auberge. Ils avaient noté qu'ils pourraient s'enfuir par un sentier abrité par un talus. Les policiers, eux, s'empêtrent dans des fils de fer barbelés et tombent dans des fossés. Persuadés que la bande ne pourrait s'enfuir à cause de la proximité d'un lac, ils avaient négligé de surveiller l'arrière de la maison. Les gangsters arrêtent des voitures et se font conduire, sous la menace de leurs revolvers, dans des directions différentes. L'un d'eux, Hamilton, est très gravement blessé. Dillinger s'enfuit avec lui. Il vole une Ford à Saint-Paul et se dirige vers Chicago.

Cette quatrième évasion provoque dans tout le nord de l'Union, une panique insensée. Une épidémie de *dillingerite* se propage. La peur règne désormais, sournoise, impérieuse, paralysant les dernières bonnes volontés. Moore, le gouverneur du New Jersey, se casemate chez lui, au reçu d'une simple lettre de menaces, et refuse toute une semaine de se montrer. Un détective réveillé par un léger bruit à sa porte devient fou et fusille d'innocents promeneurs.

Un des symptômes les plus curieux de cette panique – symptôme bien connu – est le don d'ubiquité que semble avoir *John la hyène.* On l'aperçoit partout à la fois. Des centaines de citoyens téléphonent chaque jour à la police, d'une voix blanche, pour dénoncer la présence de Dillinger près de chez eux. Les plus habiles limiers partent aussitôt. Et cent chasses au fantôme se déroulent ainsi, simultanément, à des milliers de kilomètres de distance. Toutes les barbes paraissent postiches, tout le monde devient le sosie du bandit.

Mais Dillinger commet une erreur. Il abandonne dans les faubourgs de Chicago la Ford souillée de sang qu'il a volée au cours de sa fuite. Cette Ford devient aussitôt la voiture la plus célèbre des U.S.A. Dès lors, on sait que l'ennemi public se terre à Chicago. Huit mille policiers sont mobilisés.

Pour brouiller les pistes, de Detroit, il envoie ce petit mot au constructeur Henry Ford :

« Salut vieux pote,

Suis arrivé ce matin à dix heures. Voudrais passer te voir. Ta bagnole est magnifique. Voilà trois semaines que j'en conduis une, un vrai plaisir.

Que dirais-tu de ce slogan : *Avec une Ford, vous semez n'importe quelle bagnole.*

Salut.

John Dillinger. »

Sachant que ses jours sont comptés, le bandit projette de s'exiler au Mexique. Mais le visage de l'ennemi numéro 1 est célèbre dans toute l'Amérique. Dillinger ne peut plus paraître en public. Son avocat, Piquette, lui conseille une opération de chirurgie esthétique. Deux médecins marrons sont disposés à opérer Dillinger dans la chambre à coucher d'un tenancier de bar. Le docteur Lœser est un ancien trafiquant de drogue. Son assistant, le docteur Cassidy, un escroc. Dillinger réclame une anesthésie totale. Mais Cassidy dont les mains tremblent rate complètement l'anesthésie. Dillinger étouffe. Cassidy hurle. Le docteur Lœser tire la langue de Dillinger hors de sa bouche et réussi à le sauver de l'asphyxie. La sinistre opération se déroule sur un lit de camp. Lœser et Cassidy ôtent au bandit trois grains de beauté qu'il a entre les yeux; lui rectifient le nez, effacent une cicatrice et suppriment la fossette qu'il a au menton. Tout ceci prend des heures et nécessite une greffe (pour la fossette) avec de la chair prélevée derrière l'oreille. Il leur faut aussi modifier les joues de John en les renforçant avec des tendons de kangourou.

Quand il se voit dans la glace; Dillinger pousse un cri d'horreur...

BAFFLING MYSTERY
DILLINGER SCOOP
BIOGRAPH
ICED Fresh AIR
COOLED
BY REFRIGERATION
COUNTRY CLUB
NATIONAL
2435

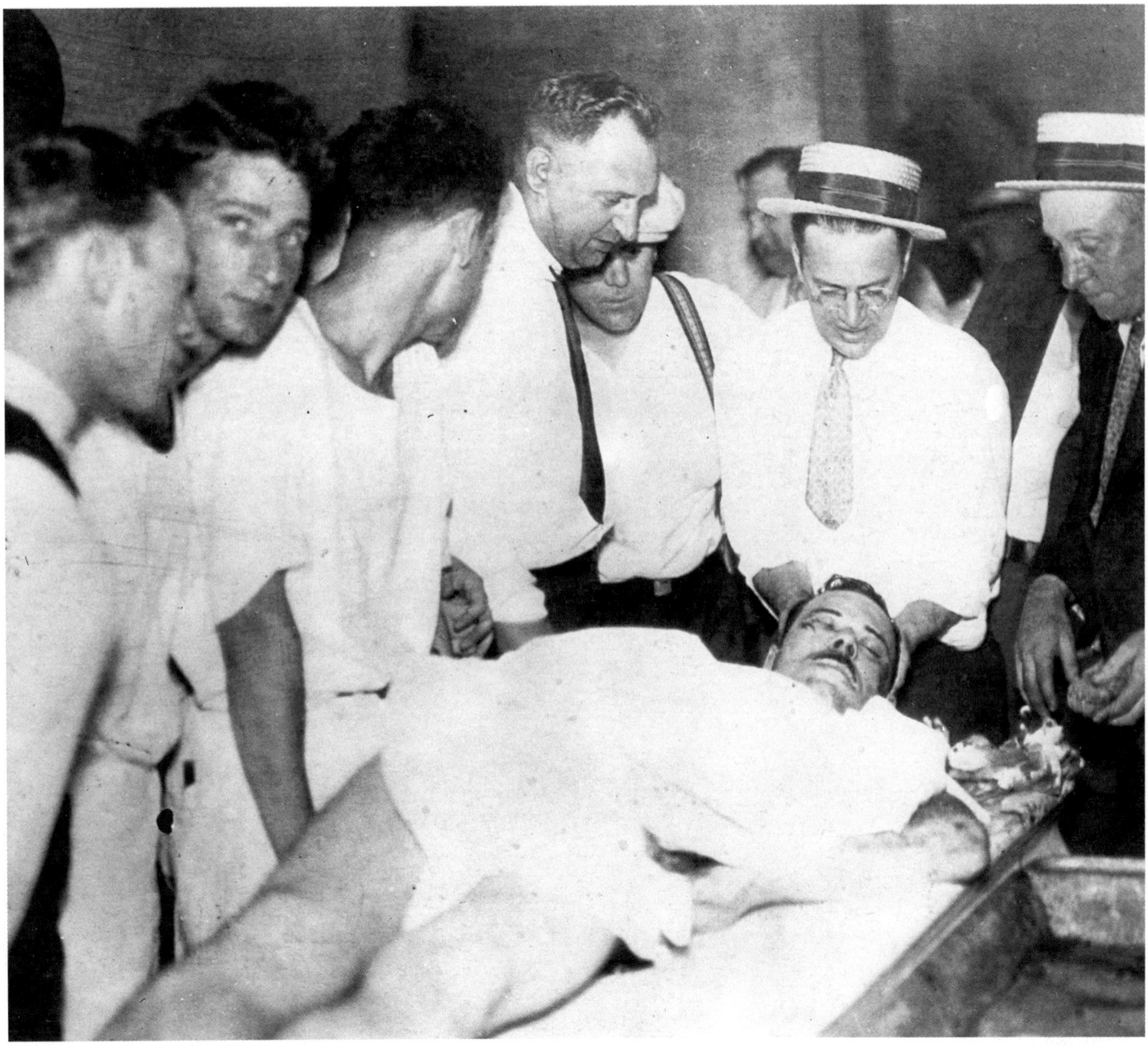

Le 30 juin, il attaque avec trois hommes la Merchant National Bank de South Bend. Les bandits réussissent à s'enfuir dans leur Hudson criblée de balles. Un agent de la circulation est tué. Six passants sont blessés.

Dillinger se cache dans le nord de Chicago. Il habite une petite chambre louée au nom de Jimmy Lawrence, employé de commerce. Il mène une vie tranquille, faisant la cour à une jeune serveuse nommée Polly Hamilton qui vit chez une de ses amies, Anna Sage. Cette dernière est une exilée roumaine. Tenancière de bordel, plusieurs fois arrêtée. Les Services d'Immigration veulent l'expulser des Etats-Unis.

L'employé Jimmy Lawrence, alias Dillinger, emmène souvent Polly Hamilton et Anna Sage au cinéma, ou manger des sorbets.

Anna Sage, qui a une certaine expérience des mauvais garçons, a reconnu Dillinger.

La Roumaine réalise que le bandit va peut-être lui permettre de rester aux Etats-Unis.

Elle rend visite à un de ses vieux amis : le policier Martin Zarcowitch...

Le dimanche 22 juillet, à 17 h 30, Anna Sage, comme convenu, téléphone à la police pour annoncer que Dillinger a décidé de les emmener au cinéma le Biograph.

Une souricière est tendue.

A 22 h 50, Dillinger et ses deux compagnes sortent du cinéma.

Trois agents font feu.

Dillinger s'écroule.

*Le Journal*
Extrait d'une série d'articles parus en septembre et novembre 1934.

*Ci-dessus :*
*Dillinger à la morgue. On peut remarquer que ses traits ont changé. En effet, à la fin de sa tragique cavale, il s'était fait refaire le visage par un médecin marron. Cet épisode sera d'ailleurs repris dans de nombreux films policiers.*

*Page de gauche, en haut :*
*Le cinéma Biograph devant lequel fut abattu Dillinger.*

*En bas :*
*La tache de sang sur la chaussée après la fusillade.*

*Un épilogue impensable chez nous : après la mort de Dillinger, sa famille, père, frère, sœur, neveux, nièces, etc. fait une tournée à travers l'Amérique. Les voici posant devant un cinéma qui annonce : « Sur scène, en chair et en os John Dillinger junior et tous les membres de sa famille ».*

PERSON!
GER SR.
FAMILY
LOVE"
VICKI BAUM'S
Give my Love
WYNNE GIBSON · ERIC LINDEN · PAUL LUKAS
EALTHFULLY COOL
ON STAGE
IN PERSON
TODAY
ON STAGE
IN PERSON
JOHN
DILLINGER

*Bonnie and Clyde. Ils sont devenus le symbole des équipées sauvages en voiture. Ils adoraient poser devant leur véhicule avec leurs armes. La rousse Bonnie a deux colts passés à la ceinture.*

*Clyde photographié par Bonnie, arbore trois fusils. Retrouvée par la police, sa Ford contenait 15 fausses plaques, 12 revolvers, 3 carabines, un fusil avec 7 encoches sur la crosse et un saxophone.*

# CREDITS PHOTOGRAPHIQUES

Archives de la préfecture de police : pages 8, 11, 48-49, 50 h et b, 64-65, 70, 74-75, 76, 94-95, 100, 102-103, 107, 109, 114 b, 126, 134, 140, 144, 178, 181 h, 184, 185.

Musée de la préfecture de police : pages 12, 14, 15, 16, 17, 18-19, 20-21, 72.

Renault : page 32.

Droits réservés : pages 6-7, 10, 23, 24, 26-27, 28, 30-31, 34, 36, 37 h et b, 38, 40, 42-43, 44, 45, 46, 47, 51, 52, 53, 54 h et b, 55 h et b, 56-57, 58-59, 60, 61, 62 h et b, 63 h et b, 66, 67, 78, 79 g et dr, 80, 81 h et b, 82, 83, 84, 85, 86, 88, 89, 90, 92, 96, 97, 98, 99, 104-105, 106, 108, 109, 112, 113, 114 h, 116, 118-119, 120, 121, 122, 123, 124, 125 h et b, 128, 129 h et b, 130, 131, 132, 133 g et dr, 135, 138-139, 142-143, 145, 146, 148-149, 150, 152, 154, 156-157, 158, 159, 160, 162, 165, 168, 170, 172-173, 174, 175, 176, 175 h et b, 180, 181 b, 182, 183 h et b, 186 h et b, 187 h et b, 188, 189, 190-191, 192, 193, 195, 197, 198 h et b, 199, 200-201, 202, 203.

Tous nos remerciements à :

M. Gérard Dubois, Service de Presse au cabinet du Préfet de Police.
Le Service Technique de la Police pour ses excellents tirages photographiques.
Le musée de la Préfecture de Police.
Le collectionneur Jean Feixas pour son aide.

# TABLE

CET OUVRAGE

A ÉTÉ ACHEVÉ D'IMPRIMER
EN NOVEMBRE 1995
SUR LES PRESSES DE
ALMA GRAFICHE
A MILAN